Meine ersten Jahre als Französin, 1876-1879

Mary King Waddington

Writat

Diese Ausgabe erschien im Jahr 2024

ISBN: 9789359949529

Herausgegeben von
Writat
E-Mail: info@writat.com

Inhalt

ICH

ALS MACMAHON PRÄSIDENT WAR

Ich wurde im November 1874 in Paris in der französischen protestantischen Kapelle in der Rue Taitbout von Monsieur Bersier getraut, einem der fähigsten und redegewandtesten Pfarrer der protestantischen Kirche. Wir hatten uns gerade in Paris niedergelassen, nachdem wir sieben Jahre in Rom gelebt hatten. Wir hatten eine vage Vorstellung davon, nach Amerika zurückzukehren, und Paris schien ein erster Schritt in diese Richtung zu sein – es lag näher an New York als an Rom. Ich wusste sehr wenig über Frankreich – wir hatten nie dort gelebt – und blieben nur ein paar Wochen im Frühling und Herbst, wenn wir von Italien kamen und wieder abreisten. Mein Mann war Abgeordneter und wurde 1871 von seinem Departement – der Aisne – in die Nationalversammlung in Bordeaux berufen. Er hatte einige Schwierigkeiten, nach Bordeaux zu gelangen. Die Kommunikation und der Transport waren nicht einfach, da die Deutschen noch im Land waren, und, was noch wichtiger war, er hatte kein Geld – konnte nicht mit seinem Bankier in Paris korrespondieren – (er lebte auf dem Land). Es wurde jedoch genügend Geld auf dem Land gefunden, und er konnte seine Reise antreten. Als ich heiratete, tagte die Nationalversammlung in Versailles. Monsieur Thiers, der erste Präsident der Republik, war im Mai 1873 gestürzt worden – Marschall MacMahon wurde zu seinem Nachfolger ernannt. W.[1] hatte unter Monsieur Thiers ein kurzes Amt (öffentliche Lehre) ausgeübt, war aber so überzeugt, dass es nicht von Dauer sein würde, dass er nicht einmal ins Ministerium ging – er sah seine Direktoren in seinen eigenen Räumen. Ich wurde sofort in eine völlig neue Umgebung versetzt. W.s persönliche Freunde waren hauptsächlich Orleanisten und das literarische Element von Paris – seine Kollegen am Institut. Die ersten Häuser, in die ich in Paris gebracht wurde, waren die Ségurs, Remusats, Lasteyries, Casimir Périers, Gallieras, d'Haussonville, Léon Say und einige der protestantischen Familien – Pourtalès, André Bartholdi, Mallet usw. Es war eine so völlig andere Welt als die, an die ich gewöhnt war, dass ich einige Zeit brauchte, um mich in meinem neuen Milieu zu Hause zu fühlen. Die politische Stimmung war sehr stark – alle möglichen frischen, jungen Elemente traten in den Vordergrund. Der Deutsch-Französische Krieg war gerade zu Ende – die Franzosen waren nach ihrer Niederlage sehr wund und verbittert. Es herrschte ein starkes unterschwelliges Gefühl heftiger Feindseligkeit gegenüber dem Kaiser, der ihnen zwei ihrer schönsten Provinzen verloren hatte, und ein leidenschaftliches Verlangen nach Revanche. Die Stimmung zwischen den beiden Zweigen der Royalistenpartei, den Legitimisten und den Orleanisten, war sehr verbittert. Eines Abends sah ich auf einer Party im Faubourg St.

Germain, wie eine bekannte, mondäne Dame der extremen Legitimistenpartei der Comtesse de Paris den Rücken kehrte. Die Empfänge und Besuche waren nicht immer einfach oder angenehm, obwohl ich ein Fremder war und keine Bindungen zu einer früheren Regierung hatte. Ich erinnere mich an einen meiner ersten Besuche bei einer bekannten legitimistischen Gräfin im Faubourg St. Germain; ich ging an ihrem Empfangstag dorthin, etwas, worauf alle jungen Frauen in Paris sehr achten. Ich fand sie mit einem Kreis von Damen um sie herum, von denen ich keine kannte. Sie waren alle sehr höflich, nur war ich erstaunt, wie die Hausherrin meinen Namen jedes Mal erwähnte, wenn sie mit mir sprach: „Madame Waddington, êtes-vous allée à l'Opéra hier soir", „Madame Waddington, vous montez à cheval tous les matins, je crois", „Monsieur Waddington va tous les vendredis à l'Institut, il me semble", usw. Ich war ziemlich überrascht und sagte zu W., als ich nach Hause kam: „Wie merkwürdig, diese Art, seinen Namen die ganze Zeit zu sagen; ich nehme an, es ist ein altmodischer französischer Brauch. Madame de B. muss ‚Waddington' während meines ziemlich kurzen Besuchs zwanzig Mal gesagt haben." Er war sehr amüsiert. „Wissen Sie nicht, warum? Damit alle Leute wissen, wer Sie sind, und nicht schreckliche Dinge über die ‚infecte gouvernement' und die Republik sagen, ‚der kein Gentleman dienen könnte'."

[Fußnote 1: „W." bezieht sich hier und im gesamten Buch auf Madame Waddingtons Ehemann, M. William Waddington.]

[Abbildung: Monsieur Theirs.]

Die Lage der deutschen Botschaft in Paris war sehr schwierig, und leider verstand ihr erster Botschafter nach dem Krieg, Graf Arnim, nicht (vielleicht wollte er es auch gar nicht), wie schwierig es für eine temperamentvolle Nation war, die bis dahin immer als große Militärmacht gegolten hatte, ihre Demütigung zu akzeptieren und dem siegreichen Gegner gegenüber gerecht zu sein. Arnim war eine unglückliche Ernennung – überhaupt nicht der richtige Mann für eine so heikle Situation. Wir hatten ihn in Rom aus den alten Tagen der Herrschaft Pio Nonos gekannt, wo er eine hervorragende Stellung als preußischer Gesandter beim Vatikan innehatte. Er und die Gräfin Arnim erhielten viel, und ihre wunderschönen Räume im Palazzo Caffarelli auf dem Gipfel des Kapitols (die beiden großen Statuen von Castor und Pollux standen neben ihren Pferden und sahen aus, als würden sie den Eingang bewachen) waren ein glänzender Mittelpunkt für die gesamte römische und diplomatische Welt. Er war ein Mann von Welt und konnte sich charmant geben, wenn er wollte, aber er hatte nie ein angenehmes Auftreten, war kurz angebunden, arrogant und hatte ein sehr starkes Gefühl seiner eigenen Überlegenheit. Vom ersten Moment an, als er als Botschafter nach Paris kam, hat er den Leuten den Rücken zugekehrt. Sie mochten ihn nie, vertrauten ihm nie; wann immer er eine unangenehme Mitteilung zu machen hatte, übertrieb er die Unannehmlichkeiten, ohne sie abzumildern, und es gibt so viel in der Art und Weise, wie Dinge gesagt werden. Die Franzosen waren sehr hart zu ihm, wenn er in Schwierigkeiten geriet, und seine eigene Regierung war ihm gegenüber sicherlich gnadenlos.

Eine meiner ersten kleinen Schwierigkeiten, nachdem ich Französin geworden war, bestand darin, einige meiner deutschen Freunde aus meinem Salon zu verbannen. Ich konnte nicht riskieren, dass sie unhöflich behandelt wurden. Ich erinnere mich noch gut an einen Abend zu Hause, bevor ich verheiratet war, als ich zwei französische Offiziere ohne Uniform leise aus dem Zimmer schlüpfen sah, als ein Angehöriger der deutschen Botschaft hereinkam, obwohl unser Haus neutral war. Als meine Verlobung bekannt gegeben wurde, sagte einer meiner guten Freunde an der deutschen Botschaft (Graf Arco) zu mir: „Das ist wohl das Ende unserer Freundschaft; ich kann Sie nie besuchen, wenn Sie die Frau eines französischen Abgeordneten sind." „Oh ja, Sie können immer noch kommen; vielleicht nicht ganz so oft, aber ich kann meine Freunde nicht aufgeben." Wir haben uns jedoch auseinandergelebt, ohne genau zu wissen, warum. Es ist merkwürdig, wie lange diese Feindseligkeit gegenüber Deutschland in Frankreich angehalten hat.

Jedes Jahr gibt es am 14. Juli, dem Nationalfest – dem Tag des Sturms auf die Bastille – in Longchamp eine große Parade der Pariser Garnison (dreißigtausend Mann) durch den Präsidenten der Republik. Es ist ein großer Tag in Paris – eine der Sehenswürdigkeiten des Jahres – und da er in die Hochsommerzeit fällt, ist der Tag im Allgemeinen schön und sehr warm. Vom frühen Morgen an sind alle Stühle und Bänke entlang der Avenue du Bois de Boulogne mit Menschen besetzt, die stundenlang geduldig warten, um die Show zu sehen. In Longchamp ist kein Sitzplatz zu ergattern. Wenn man nicht sehr früh ankommt, sind die Tribünen voll und die Loge des Präsidenten sehr überfüllt, da er an diesem Tag das diplomatische Korps und die Minister und ihre Frauen einlädt. Die Truppen werden immer mit großer Begeisterung empfangen, insbesondere die Artillerie, die ihre leichten Feldgeschütze hinter sich herzieht und im Galopp vorbeizieht – auch das Bataillon von St. Cyr, der großen französischen Militärschule. Der letzte Angriff der Kavallerie ist sehr schön. Massen von Reitern donnern über die Ebene, der General kommandiert an der Spitze und hält plötzlich an, als ob er von einer Maschine bewegt würde, genau gegenüber der Loge des Präsidenten. Ich ging sehr regelmäßig hin, solange W. im Amt war, und genoss meinen Tag immer. Im Salon hinter der Loge gab es ein ausgezeichnetes Büfett, und es war angenehm, eine Tasse Tee zu trinken und die Augen auszuruhen, während die langen Infanteriekolonnen vorbeizogen – die regelmäßige, kontinuierliche Bewegung war ermüdend. Alle Botschafter und Ausländer waren von der Parade sehr begeistert und schenkten der

Größe der Männer und Pferde und ihrer allgemeinen Ausrüstung große Aufmerksamkeit. Solange Marschall MacMahon Präsident der Republik war, ritt er nach der Parade immer die Champs-Elysées hinunter nach Hause – in voller Uniform, mit einem brillanten Stab ausländischer Offiziere und Militärattachés. Es war ein hübscher Anblick und erregte große Aufmerksamkeit. Einige der ausländischen Uniformen sind sehr auffällig, und die Franzosen lieben eine militärische Show.

[Abbildung: Marschall MacMahon.]

Viele Jahre nach dem Krieg kehrte der deutsche Militärattaché unbemerkt in einem *geschlossenen* Wagen von der Parade zurück, er konnte nicht das Risiko eingehen, von irgendjemandem aus der Menge ein böses oder beleidigendes Wort zu hören, und noch später, fünfzehn Jahre nach dem Krieg, als W. Botschafter in England war, war ich Patin der Tochter eines deutsch-englischen Cousins, der in London lebte. Der Pate war Graf Herbert Bismarck, der Sohn des berühmten Kanzlers. Zur Zeit der Taufe war ich in Frankreich und wohnte bei einigen Freunden auf dem Land. Der Sohn des Hauses hatte den Krieg durchgemacht, sich sehr ausgezeichnet, und sie waren noch immer sehr schmerzlich über ihre Rückschläge und die Notwendigkeit, all die kleinen Nadelstiche zu ertragen, die von Zeit zu Zeit aus Deutschland kamen. Bismarck schickte mir ein Telegramm, in dem er das Fehlen der Patin bei der Zeremonie bedauerte. Es wurde mir gleich nach dem Frühstück gebracht, während wir unseren Kaffee tranken. Ich öffnete es und las es vor und erklärte, dass es von Bismarck sei, der sein Bedauern über meine Abwesenheit ausdrücke. Es herrschte Totenstille, und dann sagte die Hausherrin zu mir: „C'est très désagréable pour vous, chère amie, cette association avec Bismarck."

Tagsüber sah ich W. nicht oft. Wir fuhren meist morgens im Bois und gleich nach dem Frühstück fuhr er mit dem Parlamentszug nach Versailles. Das Abendessen war immer eine zweifelhafte Mahlzeit. Manchmal kam er sehr spät zum Abendessen um neun Uhr nach Hause; manchmal speiste er in Versailles und kam erst um zehn oder elf nach Hause, wenn die Sitzung stürmisch war. Das Hotel des Reservoirs machte ein blühendes Geschäft, solange die Kammern in Versailles tagten. Wenn wir auswärts speisten, war es sehr unangenehm, besonders im ersten Winter, als ich nicht viele Leute kannte. Ich erinnere mich an ein Abendessen bei der Gräfin Duchatel, zu dem ich allein ging; wir waren zehn Frauen und fünf Männer. Alle anderen waren Abgeordnete, die im letzten Moment telegraphiert hatten, dass sie nicht kommen würden, und die durch eine wichtige Frage in Versailles aufgehalten wurden.

Eines der interessantesten Dinge, die ich 1873, kurz vor meiner Hochzeit, erlebte, war das Kriegsgerichtsverfahren gegen Marschall Bazaine wegen

Hochverrats in Metz – er gab seine Armee und die Stadt auf, ohne zu versuchen, die feindlichen Linien zu durchbrechen oder überhaupt Widerstand zu leisten. Das Gericht fand im Grand Trianon in Versailles statt, einem Ort, der so sehr mit einem vergnügungssüchtigen Hof und den phantasievollen Plänen einer fröhlichen jungen Königin in Verbindung gebracht wird, dass es schwer war, sich das Drama vorzustellen, das sich abspielte, als die Ehre eines Marschalls von Frankreich – fast einer Armee Frankreichs – auf dem Spiel stand. Es war eine beeindruckende Szene, der Saal war voll besetzt und die Leute an allen Türen und Eingängen drängten sich nach Sitzplätzen. Das Publikum war neugierig, es gab von allem etwas – Mitglieder der Nationalversammlung, Offiziere in Uniform, hübsche Frauen aller Kategorien – die Gruppe der Journalisten, die mit scharfen, eifrigen Gesichtern jede Veränderung im Gesichtsausdruck des Marschalls beobachteten – einige bekannte Gesichter, Frauen von Mitgliedern oder führenden Politikern und Literaten, eine ganze Menge der schwächeren Schwesternschaft, Schauspielerinnen und Halbweltfrauen, die mit wehenden Federn und Diamanten eine große Wirkung erzielten. Den Vorsitz der Verhandlung führte der Duc d'Aumale, der das Amt nach langem Zögern annahm. Er war eine stattliche, soldatische Erscheinung, als er in voller Uniform hereinkam, eine Gruppe von Offizieren hinter ihm, alle mit strengen, ausdruckslosen Gesichtern. Das Publikum machte im Allgemeinen einen feindseligen Eindruck auf den Marschall; das war während des gesamten Prozesses zu spüren. Er war in voller Uniform gekleidet und trug den großen Kordon der Ehrenlegion. Es war traurig, den Bericht über seine Karriere zu hören, als er von seinem Anwalt verlesen wurde – lange Jahre aktiven Dienstes, viele Verwundungen, oft erwähnt für tapferes Verhalten unter Beschuss, die „Médaille Militaire" – den Grand Cordon der Ehrenlegion, den Baton de Maréchal de France – alle Auszeichnungen, die sein Land ihm verleihen konnte – und so ein jämmerliches Ende, nicht nur vom Gericht, sondern auch vom Land als Verräter verurteilt, der sein Vertrauen missbraucht hatte, als sein Land in den Todeszuckungen der Niederlage und Demütigung lag. Seine Haltung während des Prozesses war merkwürdig. Er saß sehr still in seinem Sessel und blickte geradeaus, nur wenn eine schwere Anschuldigung gegen ihn erhoben wurde, hob er den Kopf und sah den Duc d'Aumale an. Seine Erklärung brachte die berühmte Antwort des Duc hervor, als er sagte, es sei unmöglich zu handeln oder zu verhandeln; es gäbe nichts mehr in Frankreich – keine Regierung, keine Befehle – nichts. Der Herzog antwortete: „Il y avait toujours la France." Er sah nicht überwältigt aus, eher wie jemand, der von den ganzen Vorgängen distanziert war. Ich konnte sein Gesicht ganz deutlich erkennen; es war weder aufgesetzt noch schwach – ganz gewöhnlich. Es ist schwer zu glauben, dass ein französischer General mit einer glänzenden Laufbahn sich eines solchen Verrats schuldig gemacht und seine Männer und seine Ehre geopfert haben soll. Seine Freunde (und es waren nicht viele) sagen, er habe den Kopf verloren und sei angesichts der völlig unvorhergesehenen Niederlage der Franzosen fast verrückt geworden, aber selbst ein Moment des Wahnsinns könnte solch eine außergewöhnliche Schwäche kaum erklären. W. und einige seiner Freunde diskutierten im Zug nach Hause darüber. Sie waren alle von seiner Schuld überzeugt, zweifelten nicht daran, wie das Gerichtsurteil ausfallen würde – Tod und Degradierung –, meinten aber, dass körperliche Erschöpfung und schwere Depression einen allgemeinen Zusammenbruch verursacht haben mussten. Das Ende kennt jeder. Er wurde zum Tod durch Erschießung und Degradierung verurteilt. Der erste Teil der Strafe wurde ihm aufgrund seiner früheren Verdienste aufgehoben, aber er wurde degradiert, inhaftiert, floh und beendete sein Leben in Spanien in Armut und Bedeutungslosigkeit, verlassen von all seinen Freunden und seiner Frau. Es war eine traurige Rente für den Herzog von Aumale. Seine Gedanken müssen in die fernen Tage zurückgewandert sein, als der tapfere junge Offizier, Fils de France, in Algier seinen ersten militärischen Ruhm errang und dachte, die Welt liege ihm zu Füßen. Seine brillante Heldentat, die Eroberung der Smala von Abd-el-Kader, wurde von Vernet in dem großen historischen Gemälde verewigt, das man in Versailles sehen kann. Es gibt immer wieder Künstler, die Teile davon kopieren, insbesondere eine Gruppe, in der eine schöne, blonde Frau rückwärts aus einer Sänfte fällt. Selbst wenn man heute an König Louis Philippe mit all seinen großen, starken, jungen Söhnen denkt (es gibt ein bekanntes Bild des Königs zu Pferd, umgeben von all seinen Söhnen – prächtige Beispiele junger Männlichkeit), scheint es unglaublich, dass sie nicht immer noch in den Tuilerien regieren und herrschen. Ich frage mich, ob die Dinge ganz anders gelaufen wären, wenn Louis Philippe und seine Familie an diesem Tag nicht aus den Tuilerien herausgekommen wären!

Ich habe W. oft gefragt, welchen Vorteil Frankreich durch seine Republik hatte. Ich persönlich war ziemlich unparteiisch, da ich als Amerikaner geboren wurde und bis nach dem Deutsch-Französischen Krieg nie in Frankreich gelebt hatte. Ich hatte keine besonderen Bindungen oder Traditionen, hatte weder einen Großvater, der auf dem Schafott getötet wurde, noch war er beim Rückzug der „Grande Armée" aus Moskau erfroren. Man sagte mir immer, dass eine Republik in der Luft liege – junge Talente und Energie müssten in den Vordergrund treten – das Volk müsse eine Stimme in der Regierung haben. Ich denke, der durchschnittliche Franzose ist intelligent, aber ich glaube nicht, dass die Stimme des Mannes auf der Straße so viel Wert haben kann wie die eines Mannes, der nicht nur eine gute Ausbildung genossen hat, sondern es gewohnt war, immer bestimmte Prinzipien von Recht und Ordnung als Regeln für sein eigenes Leben und das anderer Leute zu hören. Sicherlich war das allgemeine Wahlrecht eine höchst unglückliche Maßnahme, die man aus Amerika auf Frankreich übertragen konnte, aber sie wurde eingeführt und muss nun bleiben. Ich habe Politiker, die das Gesetz bedauerten und verurteilten, oft sagen hören, kein Minister würde es wagen, eine Änderung vorzuschlagen.

Im Frühjahr ging ich oft in die Kammer – fuhr immer hinaus und brachte W. nach Hause. Versailles war während dieser ganzen Zeit sehr belebt und interessant, es waren immer so viele Leute da. Eine ganze Reihe Frauen verfolgten die Debatten. Man traf viele Leute, die man kannte, auf der Straße, beim Patissier oder in einigen Trödelläden, wo man noch Schnäppchen bei sehr alten Möbeln, Drucken und Porzellan machen konnte. Es gibt eine große Garnison. Immer waren Offiziere unterwegs, Soldatentrupps in Bewegung, aus allen Richtungen ertönte Hornsignale und am Bahnhof kamen ständig Abgeordnete und Journalisten an, die mit ihren schwarzen Mappen unter dem Arm zum Palast eilten. Im Palast war es kalt. Am Eingang zog es angenehm, und die große Steintreppe war immer kalt, sogar im Juni, aber der Versammlungssaal war warm genug und immer überfüllt. Es war ziemlich schwierig, Sitzplätze zu bekommen. Die Leute waren so interessiert an diesen ersten Debatten nach dem Krieg, als alles neu organisiert werden musste und so viel von der Vergangenheit weggefegt wurde.

II

IMPRESSIONEN VON DER VERSAMMLUNG IN VERSAILLES

Die Sitzungen der Nationalversammlung waren in diesem wunderbaren Jahr, in dem alles diskutiert wurde, sehr interessant. Das gesamte öffentliche Interesse konzentrierte sich natürlich auf Versailles, wo die Nationalversammlung versuchte, eine Art stabile Regierung zu etablieren. Es gab endlose Diskussionen und Reden und eine sehr gewalttätige Sprache in den Kammern. Gambetta griff die Royalisten heftig an und beschuldigte sie der mauvaise foi und des Mangels an Patriotismus. Die bonapartistischen Führer versuchten, sich selbst und ihre Freunde davon zu überzeugen, dass sie das Land noch immer im Griff hätten und dass ein Plebiszit ihren Prinzen triumphierend zurückbringen würde. Die Legitimisten, die gegen jede Hoffnung hofften, dass der Graf von Chambord noch immer der Retter des Landes sein würde, appellierten leidenschaftlich an das alte Gefühl der Loyalität in der Nation, und das Centre droit, das die Orleanisten vertrat, war nervös, zögerlich, kannte die Lage genau und wünschte sich sehnlichst eine konstitutionelle Monarchie, spürte aber, dass dies im Moment nicht möglich war, und war dennoch nicht bereit, sich auf eine endgültige Erklärung der Republik einzulassen, die eine royalistische Restauration unmöglich machen würde. Die ganze Linke ist zuversichtlich und entschlossen.

Die Republik wurde am 30. Januar 1875 mit einer Mehrheit von einer Stimme gewählt, wenn man das überhaupt Mehrheit nennen kann, aber der große Schritt war getan, und der Kampf zwischen den gemäßigten konservativen Republikanern und der fortgeschritteneren Linken begann sofort. W. kam an diesem Tag spät nach Hause. Einige seiner Freunde kamen nach dem Abendessen und das Gespräch war höchst interessant. Ich war so neu in der Sache, dass mir die meisten Namen der einfachen Mitglieder unbekannt waren, und die Anerkennung der Stimmen und die Anekdoten und Nebenbemerkungen über die Wähler sagten mir nichts. Wenn ich nach all diesen Jahren zurückblicke, scheint es mir, dass die gemäßigten Royalisten (Centre Droit) eine großartige Chance vertan haben. Sie konnten die republikanische Welle nicht aufhalten (nichts konnte das), aber sie hätten sie kontrollieren und lenken können, anstatt abseits zu stehen und die Macht in die Hände der Linken zu legen. Wir hörten damals sehr oft die bekannten Sprüche: „Die Republik wird nicht konservativ sein, oder sie wird nicht konservativ sein" und „Die Republik ohne Republikaner", die Herrn Thiers und Marschall Mac-Mahon zugeschrieben wurden. Die Nationalversammlung kämpfte bis zum Jahresende weiter, um eine Verfassung zu erarbeiten, ein Parlament mit zwei Häusern, Senat und Abgeordnetenkammer, mit vielen Diskussionen und Widersprüchen, Hoffnungen und Illusionen.

[Illustration: Sitzung der Nationalversammlung im Schloss von Versailles. Aus *l'Illustration*, 11. März 1876]

Ich ging oft nach Versailles und fuhr bei schönem Wetter hinaus. Die stürmischen Sitzungen gefielen mir am besten. Ein Redner sagte etwas, das dem Publikum missfiel, und im nächsten Moment herrschte der größte Aufruhr, Proteste und Anschuldigungen von allen Seiten. Einige der extremen Linken standen auf, gestikulierten wild und drohten dem Redner mit den Fäusten. Die Rechte, im Allgemeinen ruhig und sarkastisch, forderte den Redner auf, seine ungeheuerlichen Behauptungen zu wiederholen. Die schwarz gekleideten Huissiers mit Silberketten gingen vor der Tribüne auf und ab und riefen in Abständen: „Ruhe, Messieurs, s'il vous plaît" (Ruhe, Messieurs, s'il vous plaît) – der Präsident läutete heftig seine Glocke, um das Haus zur Ordnung zu rufen, und niemand schenkte ihm die geringste Aufmerksamkeit. Der Redner stand manchmal ganz still mit verschränkten Armen da und wartete, bis der Sturm nachließ, manchmal beherrschte er den Saal und schleuderte seinen Gegnern Beschimpfungen entgegen. W. war immer vollkommen ruhig; seine Stimme war leise, nicht sehr stark, und er konnte nicht sprechen, wenn es einen Aufruhr gab. Wenn er in einer Rede unterbrochen wurde, stand er mit verschränkten Armen ganz still da und wartete auf ein paar Minuten Stille. Die Abgeordneten riefen: „Allez! Allez!", dazwischen ein paar lebhafte Kritiken über das, was er ihnen sagte; er blieb völlig ungerührt und antwortete nur: „Ich werde mit Vergnügen fortfahren, sobald Sie ruhig genug sind, damit ich gehört werden kann." Die Franzosen haben im Allgemeinen eine so wunderbare Redegewandtheit und eine so erbarmungslose Logik bei der Diskussion einer Frage, dass die Debatten oft sehr interessant waren. Auch das Publikum war interessant. Sehr viele Frauen aller Klassen verfolgten die Sitzungen – mehrere Egerias (in der Regel nicht mehr in ihrer ersten Jugend) bekannter Politiker saßen prominent in der Loge des Präsidenten oder in der ersten Reihe der Journalistenloge, verfolgten die Diskussionen mit großem Interesse und schickten kleine Zettel an ihre Freunde unten – die Frauen und Freunde der Abgeordneten, die gerne ein oder zwei Stunden damit verbrachten, den Reden zuzuhören – Zeitungskorrespondenten, Literaten, Diplomaten. Es war sehr schwierig, Plätze zu bekommen, besonders wenn einige bekannte Redner zu einer wichtigen Frage angekündigt wurden. Wir wussten nicht immer im Voraus Bescheid, und ich erinnere mich an einige langweilige Nachmittage, an denen ein oder zwei Mitglieder lange Reden über rein lokale Angelegenheiten hielten, die niemanden interessierten. Bei diesen Gelegenheiten blickten wir auf einen fast leeren Saal hinab. Viele Mitglieder waren hinausgegangen und unterhielten sich in den Foyers; die Zurückgebliebenen unterhielten sich in Gruppen, schrieben Briefe, gingen im Saal auf und ab, anscheinend ohne den Redner auf der Tribüne zu bemerken. Ich konnte nicht verstehen, wie der Mann vor leeren Bänken weiterreden konnte, aber W. sagte mir, die

Aufmerksamkeit seiner Kollegen sei ihm völlig gleichgültig – seine Rede sei für seine Wähler und würde am nächsten Tag im *Journal Officiel erscheinen* . Ich erinnere mich, wie ein Mann stundenlang über „allumettes chimiques" (chemische Chemikalien) redete.

Léon Say war ein wunderbarer Redner, so locker, er fand immer genau die Worte, die er brauchte. Wenn er auf der Tribüne stand, glich es kaum einer Rede, eher einer Causerie, obwohl er dem peuple souverain manchmal ganz klare Wahrheiten sagte. Er war im Grunde Franzose, oder eher Pariser, kannte jeden und war auf dem Laufenden, was politisch und gesellschaftlich vor sich ging, und hatte eine gewisse Blague, jene ausgesprochen französische Eigenschaft, die sehr schwer zu erklären ist. Er war ein harter Arbeiter und erzählte mir einmal, dass er sich nach einem langen Tag am besten erholte, wenn er in ein kleines Boulevardtheater ging oder einen ziemlich spannenden Roman mit gelbem Einband las.

Ich habe Gambetta nie sprechen hören, was ich immer bedauerte – tatsächlich wusste ich sehr wenig über ihn. Er war kein Frauenheld, obwohl er einige ergebene Freundinnen hatte, und war immer von einem Kreis von Politikern umgeben, wenn er in der Öffentlichkeit auftrat. (Bei allen französischen Partys versammeln sich alle Männer gleich nach dem Abendessen, um miteinander zu reden – nie mit den Frauen –, sodass man, wenn man nicht zufällig neben einem bekannten Mann sitzt, nie wirklich die Chance hat, mit ihm zu sprechen.) Gambetta ging nicht oft aus, und da er durch einen merkwürdigen Zufall nie neben mir beim Abendessen saß, hatte ich nie Gelegenheit, mit ihm zu sprechen. Er war weder einer von W.s Freunden noch ein Stammgast des Hauses. Sein Aussehen sprach gegen ihn – dunkel, schwerfällig, mit einem riesigen Kopf.

Wenn ich genug von den Reden und der schlechten Atmosphäre hatte, pflegte ich auf den Terrassen und in den Gärten umherzuwandern. Wie viele wunderschöne Sonnenuntergänge habe ich von der Spitze der Terrasse oder von den drei berühmten rosa Marmorstufen aus gesehen (die allen Liebhabern der Poesie durch Alfred de Mussets wunderschöne Verse „Trois Marches Roses" so wohlbekannt sind) und mir in meiner Vorstellung all die strahlende Menge von Höflingen und schönen Frauen vorgestellt, die diese wundervollen Gärten in den alten Tagen von Versailles bevölkerten! Manchmal ging ich zu den „Reservoirs", um eine Tasse Tee zu trinken, und traf sehr oft andere Frauen, die ebenfalls hinausgefahren waren, um ihre Männer abzuholen. Gelegentlich brachten wir Freunde mit, die die ruhige, kühle Fahrt durch den Park von St. Cloud dem Gedränge und Staub der Eisenbahn vorzogen. Der Graf von St. Vallier (der noch kein Senator war, sich aber sehr für Politik interessierte) war häufig in Versailles und kam oft mit uns zurück. Er war ein charmanter, gesprächiger Mensch. Ich wurde nie müde, von den glänzenden Tagen des letzten Kaiserreichs und den Festen in den Tuilerien, in Compiègne und St. Cloud zu hören. Er war viel am Hof von Napoleon III. gewesen, hatte viele interessante Menschen aller Art gesehen und hatte ein wunderbares Gedächtnis. Er muss eine Art inneres Gespür oder Vorahnung für die Zukunft gehabt haben, denn ich habe ihn oft sagen hören, wenn er von den alten Tagen und dem Ruhm des Kaiserreichs sprach, als alles so wohlhabend und glänzend schien, dass er sich oft fragte, ob es real sein könnte – ob die Fundamente so solide waren, wie sie schienen! Er war Diplomat gewesen, war zur Zeit des Deutsch-Französischen Krieges in Deutschland und war sich wie so viele seiner über Deutschland verstreuten Kollegen der wachsenden Feindseligkeit in Deutschland gegenüber Frankreich und auch der Ziele und Ambitionen Bismarcks durchaus bewusst. Er (wie so viele andere) schrieb wiederholt Briefe und Warnungen an das französische Außenministerium, die anscheinend keine Wirkung zeigten. Später erfuhr man, dass mehrere derartige Briefe von französischen Diplomaten in Deutschland ungeöffnet in einer Schublade des Ministeriums gefunden wurden.

Es war ziemlich traurig, als wir durch die stattlichen Alleen des Parks von St. Cloud fuhren, während die untergehende Sonne durch die schönen alten Bäume schien, und von all den Festen zu hören, die dort früher stattfanden – und man konnte sich gut vorstellen, wie die schöne Kaiserin am Ende einer der langen Alleen erschien, gefolgt von einer brillanten Gefolgschaft von Damen und Ecuyern – und in der Ferne das Echo des Cor de Chasse. Die Alleen sind immer da und ziemlich gut gepflegt, aber nur sehr wenige Menschen oder Kutschen fahren vorbei. Der Park ist verlassen. Ich glaube nicht, dass das Cor de Chasse ein Echo oder gar Bedauern hervorrufen würde, so vollständig sind das Kaiserreich und seine Herrlichkeiten eine Sache der Vergangenheit geworden. Ein Rendezvous de Chasse war ein sehr hübscher Anblick.

Wir waren einmal in Compiègne, bevor ich heiratete, etwa drei Jahre vor dem Krieg. Wir gingen aus und frühstückten in Compiègne mit einem guten Freund von uns, M. de St. M., einem Kammerherrn oder Stallmeister des Kaisers. Wir frühstückten in einem komischen, altmodischen kleinen Hotel (mit einer sehr guten Küche) und fuhren in einer großen, offenen Schlucht in den Wald. Es waren sehr viele Leute zu Pferd, mit dem Auto oder zu Fuß unterwegs, Offiziere der Garnison in Uniform, Mitglieder der Jagd in Grün und Gold und eine ganze Reihe roter Mäntel. Die Kaiserin sah bezaubernd aus, immer in der Uniform der Jagd gekleidet, grün mit goldenen Borten und einem Dreispitz auf dem Kopf, – alle ihre Damen trugen das gleiche Kleid, das sehr gut aussah. Eine der auffallendsten ihrer Damen war Prinzessin Anna Murat, die gegenwärtige Herzogin von Mouchy, die in dem Dreispitz und dem wunderschön sitzenden Gewand sehr hübsch aussah. Ich sah die Kaiserin nicht auf ihrem Pferd, da wir sie sehr bald aus den Augen verloren.

Sie und ihre Damen erreichten das Feld in einer offenen Lücke. Ich sah den Kaiser ganz deutlich, als er heranritt und einige Befehle erteilte. Er war sehr gut beritten (es gab einige schöne Pferde), aber leicht gebeugt und hatte ein eher trauriges Gesicht. Ich sah ihn nie wieder und die Kaiserin erst viele Jahre später in Cowes, als alles aus ihrem Leben verschwunden war.

Der Präsident, Marschall MacMahon, wohnte in der Präfektur von Versailles und wurde jeden Donnerstagabend empfangen. Wir fuhren mehrere Male dorthin – es war meine erste Einführung in die offizielle Welt. Die ersten zwei oder drei Male fuhren wir mit dem Auto, aber es war eine lange Fahrt (eine ganze Stunde und eine Viertelstunde) über schlechte Straßen – viel Asphalt. Man wollte nachts nicht durch den Park von St. Cloud fahren – es war sehr einsam und dunkel. Wir wären ziemlich hilflos gewesen, wenn wir auf unternehmungslustige Landstreicher gestoßen wären, die die Kutsche leicht hätten anhalten und sich an Geld oder Juwelen hätten bedienen können, die sie in die Finger kriegen konnten. Eines Abends war die Seine über die Ufer getreten, und wir mussten eine lange Strecke laufen – rund um Sèvres – und kamen sehr spät und ziemlich erschöpft von den Erschütterungen und dem allgemeinen Unbehagen in Versailles an. Danach fuhren wir mit dem Zug – der uns um zehn Uhr in der Präfektur absetzte. Es war nicht sehr praktisch, da es bei unserer Ankunft in Versailles einen großen Andrang auf die Kutschen gab, aber trotzdem fuhren alle mit. Wir trugen im Allgemeinen schwarze oder dunkle Kleider mit einem Spitzenschleier über dem Kopf und gingen natürlich nur, wenn es schön war. Der Abend war recht angenehm – man sah alle Politiker, die persönlichen Freunde des Marschalls von der Droite waren in den ersten Tagen seiner Präsidentschaft zu ihm gegangen (sie ließen später eher nach) – natürlich die Regierung und die Republikaner und das gesamte diplomatische Korps. Es waren nicht viele Frauen da, da es wirklich ziemlich anstrengend war, sich in ein tief ausgeschnittenes Kleid zu zwängen und direkt nach dem Abendessen zum Gare St. Lazare aufzubrechen und ziemlichen Andrang zu haben. Wir kamen immer zu spät und hatten gerade noch Zeit, in den letzten Wagen zu klettern.

In den ersten Monaten kam ich mir sehr fremd vor – wie ein Außenseiter –, aber die Freunde meines Mannes waren sehr nett zu mir, und nach einer gewissen Zeit war ich erstaunt, wie sehr mich Politik interessierte. Ich lernte eine Menge, indem ich einfach zuhörte, während die Männer beim Abendessen sprachen. Ich nehme an, ich hätte viel mehr verstanden, wenn ich regelmäßig die Zeitungen gelesen hätte, aber das begann ich erst, als W. schon eine Weile Minister war, und dann steigerte ich mich in ein nervöses Fieber, wenn ich all die oppositionellen Zeitungen über ihn hörte. Alles in allem waren die Angriffe jedoch nie sehr bösartig. Er war nie im öffentlichen Leben gewesen, bis er nach dem Krieg zum Abgeordneten ernannt wurde und der Assemblée Nationale in Bordeaux beitrat – was für ihn ein immenser Vorteil war. Er hatte nie einer anderen Regierung gedient und war daher vollkommen unabhängig und an keine Familientraditionen oder alten Freundschaften gebunden – die oppositionellen Zeitungen störten ihn überhaupt nicht – nicht einmal die Karikaturen. Einige von ihnen waren sehr lustig. Einer war ihm sehr ähnlich und saß aufrecht und gerade auf dem Bock einer Kutsche: „John Cocher Anglais n'a jamais versé, ni accroché" (englischer Kutscher, der nie umgefallen ist oder gegen etwas gestoßen ist).

Es gab ein paar politische Salons. Die Gräfin de R. empfing jeden Abend – aber nur Männer – Frauen wurden nie eingeladen. Die Frauen waren anfangs etwas zurückhaltend, aber die Männer gingen trotzdem – da man dort jeden sah und den neuesten politischen Klatsch hörte. Eine andere Gastgeberin war die Prinzessin Lize Troubetskoi. Sie war eine große Freundin und Bewunderin von Thiers – sie sollte ihm viele Informationen von ausländischen Regierungen geben. Sie war sehr vielseitig in ihren Sympathien, und jeder ging zu ihr, nicht nur Franzosen, sondern alle Ausländer von Rang, die durch Paris kamen. Sie machte sich viel Mühe mit ihren Freunden, nutzte sie aber auch, wenn sie etwas brauchte. Eine der Geschichten, die immer über das Außenministerium erzählt wurden, war ihr „petit paquet", das sie im Reisekoffer nach Berlin schicken wollte, als der Comte de St Vallier dort französischer Botschafter war. Er willigte bereitwillig ein, das an ihn adressierte Paket entgegenzunehmen, das sich als ein Flügel herausstellte.

Das Privileg, Pakete im Reisekoffer des Außenministeriums ins Ausland zu schicken, wurde massiv missbraucht, als W. Außenminister wurde. Er nahm verschiedene Änderungen vor, darunter, dass der Reisekoffer ausschließlich auf offizielle Papiere und Dokumente beschränkt werden sollte, was vielleicht wirklich gut beachtet wurde.

Die Gräfin de Ségur empfing jeden Samstagabend. Es war eigentlich ein orleanistischer Salon, da sie treue Freunde der Familie Orléans waren, aber man sah dort alle gemäßigten Republikaner und das Centre Gauche (das so lange darum kämpfte, zusammenzuhalten und einen mäßigenden Einfluss auszuüben, aber längst von der immer stärker werdenden Flut des Radikalismus verschluckt wurde) und sehr viele Literaten, Mitglieder des Instituts, Akademiker usw. Sie hatten ein schönes altes Haus zwischen Hof und Garten mit allen möglichen interessanten Bildern und Souvenirs. Auch die Gräfin de S. empfing jeden Tag vor drei Uhr. Ich ging oft hin und war erfreut, wenn ich sie allein antraf. Sie war sehr klug, sehr originell, kannte alle möglichen Leute, und es war höchst interessant, ihr zuzuhören, wie sie über den Hof von König Louis Philippe, die spanischen Hochzeiten, den Tod des Herzogs von Orléans, den Staatsstreich von Louis Napoléon usw. sprach. Als sie während der Herrschaft von Louis Philippe begann, Gäste zu empfangen, herrschten sehr erbitterte Stimmungen zwischen den

Legitimisten (extreme Royalistenpartei) und den Orleanisten. Der Herzog von Orléans kam oft Samstagabends zu ihnen und immer in ziemlich eleganter Kleidung, mit schöner Kutsche, Adjutanten usw. Sie warnte ihre legitimistischen Freunde, wenn sie wusste, dass er kommen würde (aber sie wusste es nicht immer) und sagte, dass sie nie Ärger oder unangenehme Szenen gehabt hätte. Alle waren dem Herzog gegenüber vollkommen respektvoll, aber die extremen Legitimisten gingen sofort weg.

Wir gingen ziemlich oft zu Monsieur und Madame Thiers, die jeden Abend in ihrem großen, düsteren Haus am Place St. Georges empfingen. Es war ein politisches Zentrum – die ganze Republikanische Partei ging dorthin und viele seiner alten Freunde, Orleanisten, die seine große Intelligenz bewunderten, während sie seine Politik missbilligten – Literaten, Journalisten, alle Diplomaten und angesehenen Fremden. Er hatte jeden Abend Gäste beim Abendessen und danach einen kleinen Empfang – Madame Thiers und ihre Schwester, Mademoiselle Dosne, erwiesen ihm die Ehre. Ich glaube, beide Damen waren sehr intelligent, aber ich kann nicht ehrlich sagen, dass sie ein charmantes Auftreten hatten. Sie schienen nie erfreut zu sein, jemanden zu sehen, und machten nach dem Abendessen jeweils ein gemütliches Nickerchen in ihren Sesseln – die Erstankömmlinge hatten manchmal ziemlich peinliche Auftritte – aber mir wurde gesagt, dass sie sich sehr an ihre Empfänge hielten. Thiers war wunderbar; er war ein sehr alter Mann, als ich ihn kannte, aber seine Augen waren sehr hell und scharf, seine Stimme stark und er redete den ganzen Abend ohne den geringsten Anschein von Müdigkeit. Jeden Nachmittag schlief er zwei Stunden und war zur Essenszeit völlig ausgeruht und munter. Es war eine interessante Gruppe von Männern, die nach dem Essen um die kleine Gestalt im Salon herumstanden. Er selbst stand fast immer an den Kaminsims gelehnt. Fürst Orloff, der russische Botschafter, war einer der Stammgäste des Salons, und ich freute mich immer, wenn er sich von der Männergruppe entfernte und sich den Damen in Madame Thiers' Salon anschloss, der weniger interessant war. Er kannte jeden, Franzosen und Ausländer, und lieferte mir höchst amüsante und nützliche kleine Skizzen aller Berühmtheiten. Er war es, der mir den berühmten Ausspruch des alten Fürsten Gortschakoff erzählte, als er von Thiers' Tod hörte (er starb 1877 in St. Germain): „Encore une lumière éteinte quand il y en a si peu qui voient clair" (noch ein Licht erloschen, wenn es so wenige gibt, die klar sehen). Viele aus dieser Gruppe sind gegangen – Casimir Périer, Léon Say, Jules Ferry, St. Vallier, Comte Paul de Ségur, Barthélemy St. Hilaire –, aber andere sind geblieben, jüngere Männer, die damals ihre politische Karriere begannen und begierig darauf waren, die Lehren und Warnungen des alten Staatsmannes in sich aufzunehmen, der bis zum Schluss tapfer kämpfte.

Den ersten Winter in Paris als Ehefrau eines französischen Abgeordneten fand ich ziemlich anstrengend, so anders als das bequeme, angenehme Leben in Rom. Das hat sich natürlich auch geändert, seit Italien vereint ist und Rom die Hauptstadt ist, aber es war ein kleines Rom in unseren Tagen, höchst informell. Ich kann mich nicht erinnern, in all den Jahren, die wir in Rom lebten, jemals eine Einladung geschrieben zu haben. Jeder führte das gleiche Leben und wir sahen uns den ganzen Tag, beim Jagen, Reiten, Fahren, nachmittags in den Villen und beendeten den Tag normalerweise am Pincio, wo Musik gespielt wurde. Alle Kutschen fuhren vor, und die jungen Männer kamen und sprachen mit den Frauen, als wären sie in der Oper oder in einem Ballsaal. Wenn wir bei uns zu Hause Musik hatten oder tanzten, sagten wir immer einem bekannten Mann, er solle sagen: „On danse chez Madame King ce soir." Das war alles. Die Pariser Gesellschaft ist viel steifer und legt viel mehr Wert auf Besuche und Empfänge.

Es gibt kaum noch informelle Empfänge, keine Abende mehr, an denen keinerlei Unterhaltung geboten wird, und einen kleinen Tisch an einem Ende des Raums mit Orangenlimonade und Kuchen, an den ich mich erinnere, als ich frisch verheiratet war (und immer in der Fastenzeit das Quartett des Konservatoriums, das klassische Symphonien spielte, was natürlich jede Unterhaltung unterbrach, da die Leute den Künstlern des Konservatoriums in einer Art heiliger Stille zuhörten). Jetzt wird jedes Mal einer eingeladen, es gibt immer Musik oder eine Comédie, manchmal eine Konferenz in der Fastenzeit und ein Büfett im Speisesaal. Es gibt viel mehr Luxus und Frauen tragen mehr Juwelen. Als ich die Pariser Gesellschaft kennenlernte, gab es nicht viele Diademe; jetzt hat jede junge Frau eines in ihrer Corbeille.

[Abbildung: Das Foyer der Oper.]

Eines der ersten großen Ereignisse, die ich in Paris erlebte, war die Eröffnung der Grande Opéra. Es war ein schöner Anblick, das Haus war voll von Frauen, die wunderschön gekleidet waren und edlen Schmuck trugen, der kaum zu sehen war, da die Dekoration des Hauses sehr aufwendig war. Es gab so viel Licht und Vergoldung, dass die Diamanten völlig untergingen. Die beiden großen Stars des Abends waren der junge König von Spanien (der Vater des jetzigen Königs), eine schlanke, dunkle, jugendliche Gestalt, und der Lord Mayor von London, der tatsächlich viel mehr Eindruck machte als der König. Er trug seine offizielle Robe, hatte zwei Sheriffs und einen Streitkolbenträger, und als er oben auf der großen Treppe stand, war er eine imposante Erscheinung und das Publikum war von ihm entzückt. Als er das Foyer betrat, war er von einer bewundernden Menge umgeben. Alle waren da, und W. zeigte mir die Berühmtheiten aller Cliquen. Wir hatten eine Loge in der Oper und gingen sehr regelmäßig hin. Die Oper war nie gut, war es nie, seit ich sie kenne, aber da sie das ganze Jahr über geöffnet ist, kann man nicht erwarten, die Stars zu sehen, die man anderswo hört. Trotzdem ist es immer ein angenehmer Abend, man sieht viele Leute, mit denen man sich unterhalten kann, und die Musik ist eine heitere Begleitung der Unterhaltung. Es ist erstaunlich, wie sie in den Logen reden und wie das Publikum mitmacht. Das Ballett ist immer gut. Halanzier war Direktor der Grand Opera, und wir gingen manchmal in seine Loge hinter den Kulissen, was sehr unterhaltsam war. Er war sehr diktatorisch, beschäftigte sich mit jedem Detail – war folglich ein ausgezeichneter Direktor. Ich erinnere mich, wie ich ihn eines Abends das Corps de Ballet inspizieren sah, kurz bevor der Vorhang aufging. Er ging die Reihe entlang wie ein General, der seine Truppen inspiziert, und klopfte leicht mit einem Stock auf verschiedene Arme und Beine, die nicht in Position waren. Er lächelte perfekt und war gut gelaunt: „Seht, seht, meine Kleinen, das ist nicht so" – aber er sah alles.

Am besten gefiel W. das Théâtre Français. Wir hatten dort keine Loge, aber wie so viele unserer Freunde gingen wir sehr oft dorthin. Dienstag war der angesagte Abend und die Salle war fast so interessant wie die Bühne, besonders wenn es zufällig eine Premiere war und alle Kritiker und Journalisten da waren. Sarah Bernhardt und Croizette spielten beide in jenen ersten Jahren. Sie waren große Rivalinnen und es war interessant, sie im selben Stück zu sehen, beide so große Talente und doch so völlig unterschiedlich.

Drittes Kapitel

M. WADDINGTON ALS MINISTER FÜR ÖFFENTLICHE BILDUNG

Im März 1876 wurde W. zum zweiten Mal zum „Ministre de l'Instruction Publique et des Beaux Arts" ernannt, während M. Dufaure Präsident des Rates wurde, Duc Décazes das Außenministerium und Léon Say das Finanzministerium. Seine Ernennung war eine Überraschung für uns. Wir hatten überhaupt nicht damit gerechnet. Es hatte so viele Diskussionen gegeben, so viele Namen waren vorgeschlagen worden. Es schien unmöglich, zu einer Einigung zu kommen und ein Kabinett zu bilden, das dem Marschall und den Kammern gleichermaßen gefiel. Ich kam eines Nachmittags ziemlich spät, während die Verhandlungen im Gange waren, und erfuhr von den Bediensteten, dass M. Léon Say in W.s Bibliothek auf ihn wartete. W. kam ein paar Minuten später, und die beiden Herren unterhielten sich noch lange. Auf dem Weg zur Tür blieben sie im Salon stehen, und Say sagte zu mir: „Eh bien, madame, je vous apporte une portefeuille et des félicitations." "Bevor ich die Glückwünsche annehme, möchte ich wissen, welches Portfolio." Natürlich war ich erfreut, als er sagte: "Staatliche Bildung", da ich wusste, dass dies das einzige Portfolio war, das W. interessierte. Mein Schwager Richard Waddington, Senator der Seine Inférieure[1], und ein oder zwei Freunde besuchten uns abends, und die Herren unterhielten sich bis spät in die Nacht, diskutierten Programme, Möglichkeiten usw. Den ganzen nächsten Tag dauerten die Konferenzen an, und als dem Marschall das neue Kabinett vorgestellt wurde, empfing er es freundlich, wenn auch nicht herzlich. W. sagte, sowohl Dufaure als auch Décazes seien ganz wunderbar, da sie den Stand der Dinge genau erkannten und die Stimmung im Haus kannten, das von Tag zu Tag fortschrittlicher und schwieriger zu handhaben wurde.

[Fußnote 1: Mein Schwager, Richard Waddington, Senator, starb im Juni 1913, einige Zeit nachdem diese Notizen geschrieben wurden.]

W. rief sofort alle Beamten und Angestellten des Ministeriums zusammen. Er nahm nur sehr wenige Änderungen vor und ernannte lediglich den jungen Grafen de Lasteyrie, jetzt Marquis de Lasteyrie, Großneffe des Marquis de Lafayette, Sohn von M. Jules de Lasteyrie, einem Senator und ergebenen Freund der Familie Orléans, zu seinem Kabinettschef. Zwei oder drei Tage nach der Bekanntgabe des neuen Kabinetts nahm W. mich mit in den Elysée, um der Maréchale de MacMahon meinen offiziellen Besuch abzustatten. Sie empfing uns oben in einem hübschen Salon mit Blick auf den Garten. Sie war sehr höflich, nicht besonders liebenswürdig – machte auf mich den Eindruck einer sehr energischen, praktischen Frau – wie die meisten

Französinnen. Ich war sehr beeindruckt von ihrem Schreibtisch, der sehr geschäftsmäßig aussah. Er war mit Unmengen von Briefen, Papieren, Karten, Rundschreiben aller Art bedeckt – sie kümmerte sich selbst um alle Haushaltsangelegenheiten. Ich habe immer gehört (obwohl sie es mir nicht erzählt hat), dass sie jeden Brief gelesen hat, der an sie gerichtet war, und sie muss Hunderte von Bettelbriefen erhalten haben. Sie war sehr wohltätig, sehr an allen guten Werken interessiert und sehr freundlich zu allen Künstlern. Wann immer ein Brief mit einer Bitte um Geld eintraf, ließ sie den Fall untersuchen und leistete, wenn die Geschichte wahr war, sofort praktische Hilfe. Ich war zunächst bestürzt über die Anzahl der Briefe, die ich aus ganz Frankreich erhielt und in denen ich um meine Fürsprache beim Minister zu jedem möglichen Thema gebeten wurde, von der Restaurierung eines „monument historique" bis hin zu einer Rente für einen alten Schulmeister, der nicht mehr arbeiten kann und eine große Familie zu ernähren hat. Es war mir völlig unmöglich, sie zu beantworten. Da ich Ausländer war und nie in Frankreich gelebt hatte, wusste ich eigentlich nichts über die verschiedenen Fragen. W. war zu beschäftigt, um sich um solche kleinen Angelegenheiten zu kümmern, also konsultierte ich M. de L., den Kabinettschef, und wir einigten uns darauf, dass ich ihm die gesamte Korrespondenz, die nicht streng persönlich an ihn gerichtet war, zusenden sollte, und er würde sie im „Büro" prüfen lassen. Die ersten Wochen von W.s Dienst waren sehr anstrengend für mich – ich besuchte so viele Leute – so viele Leute kamen, um mich zu sehen – alles Fremde, mit denen ich nichts gemeinsam hatte. Solche langweiligen Gespräche, die nie über die gewöhnlichsten Alltagsfloskeln hinausgingen – eine so völlig andere Welt, als ich jemals gelebt hatte.

Für jede Frau, die einen Ausländer heiratet, ist es zunächst sehr schwierig, sich in ihrem neuen Land zurechtzufinden. Es muss so vieles anders sein – manchmal vielleicht besser –, aber nicht das, woran man gewöhnt ist. Und ich glaube, in Frankreich ist das schwieriger als in jedem anderen Land. Die Franzosen sind in ihren Gewohnheiten festgefahren und haben so wenig Sympathie für alles, was nicht französisch ist. Ich war bei einigen der ersten Abendessen, die ich besuchte, von diesem Mangel an Sympathie überrascht. Die Gespräche waren ausschließlich französisch, fast pariserisch, sehr persönlich, mit Geschichten und Anspielungen auf Leute und Dinge, von denen ich nichts wusste. Niemand dachte im Traum daran, mit mir über mein früheres Leben zu sprechen – oder über Amerika oder meine frühen Verbindungen –, obwohl ich eine Fremde war. Man hätte meinen können, sie hätten sich etwas mehr Mühe gegeben, einige Themen von allgemeinem Interesse zu finden. Selbst jetzt, nach all diesen Jahren, zählt der Unterschied der Nationalität. Manchmal, wenn ich mit sehr engen Freunden eine Frage diskutiere und merke, dass ich ihre Ansichten nicht verstehe und sie meine nicht, kommen sie immer wieder auf das eigentliche Problem zurück:

„Ecoutez, chère amie, vous êtes d'une autre race." Ich beschwerte mich nach den ersten drei oder vier Abendessen eher bei W. – es schien mir unhöflich, aber er sagte nein, ich sei die Frau eines französischen Politikers, und jeder ging davon aus, dass ich an der Unterhaltung interessiert war – sicherlich beabsichtigte niemand Unhöflichkeit. Das erste große Abendessen, an dem ich in diesem Jahr teilnahm, war im Elysée – das reguläre offizielle Abendessen für das diplomatische Korps und die Regierung. Auf der einen Seite saß Baron von Zuylen, der niederländische Minister, einer unserer großen Freunde, auf der anderen Seite Léon Renault, Polizeipräfekt. Léon Renault war sehr interessant, sehr klug – ein ausgezeichneter Polizeipräfekt. Einige seiner Geschichten waren höchst amüsant. Das Abendessen war sehr gut (war es immer, wenn der Marschall zu Besuch war), dauerte nicht lange und glücklicherweise war der Saal nicht zu heiß. Manchmal war die Hitze schrecklich. Es waren ziemlich viele Leute da am Abend – die Musik der Garde Républicaine spielte und es gab ein Büfett im Speisesaal, der immer voll war. Wir blieben nie sehr lange, da W. immer Papiere zu unterschreiben hatte, wenn wir nach Hause kamen. Manchmal, wenn viel zu tun war, dauerte es zwei Stunden, bis er seine „Unterschriften" unterschrieben hatte. Ich glaube nicht, dass der Marschall die Empfänge sehr genoss. Wie die meisten Soldaten war er ein Frühaufsteher und die späten Stunden und das ständige Reden ermüdeten ihn.

Mir gefielen unsere Abendessen und Empfänge im Ministerium. Alle Nachrichten aus Frankreich gingen durch unsere Räume. Die Leute kamen im Allgemeinen früh – um zehn Uhr waren die Räume ziemlich voll. Jeder wurde angekündigt, und es war höchst interessant, die Namen aller Berühmtheiten aus allen Bereichen der Kunst und Wissenschaft zu hören. Es war nur ein flüchtiger Eindruck, da die Gäste mich nur an der Tür ansprachen und weitergingen. Damals schüttelte kaum jemand die Hand, es sei denn, sie waren ziemlich vertraut miteinander – die Männer nie. Sie verneigten sich tief vor mir in einiger Entfernung und blieben selten stehen, um ein paar Worte mit mir zu wechseln. Einige der Frauen, nicht viele, schüttelten mir die Hand. Es war ein ermüdender Abend, da ich so lange stand und eine Prozession von Fremden an mir vorbeiging. Die Empfänge endeten früh – bis auf ein paar Herumtreiber am Büfett waren alle um elf Uhr gegangen. Bei den großen offiziellen Empfängen sind immer eine gewisse Anzahl von Leuten, deren Hauptzweck darin zu bestehen scheint, ein gemütliches Essen zuzubereiten. Die Diener sagten mir immer, dass nach einer großen Party nichts mehr übrig sei. Es gab keine Einladungen – der Empfang wurde in den Zeitungen angekündigt, also erschien jeder, der das Gefühl hatte, auch nur den geringsten Anspruch auf den Minister zu haben, auf der Party. Einige der Kleider waren komisch, aber es gab nichts Exzentrisches – keine Frauen mit Hüten, die Babys auf dem Arm trugen, wie man es früher in Amerika beim Präsidentenempfang im Weißen Haus in

Washington sah – einige sehr einfache schwarze Seidenkleider, die kaum tief ausgeschnitten waren – und natürlich sehr viele hübsche Frauen, die sehr gut gekleidet waren. Einige meiner amerikanischen Freunde kamen oft mit echter amerikanischer Neugier und wollten eine Phase des französischen Lebens sehen, die für sie völlig neu war.

W. blieb zwei Jahre lang Minister für öffentliche Bildung, und mein Leben wurde sofort sehr interessant und ausgefüllt. Wir wohnten nicht im Ministerium – das war auch nicht wirklich nötig. Die ganze Arbeit war vor dem Abendessen erledigt, mit Ausnahme der „Unterschriften", die W. genauso gut in seiner Bibliothek zu Hause erledigen konnte. Wir gingen hinüber und besichtigten das Hôtel du Ministère in der Rue de Grenelle, bevor wir unsere endgültige Entscheidung trafen, aber es war nicht wirklich verlockend. Es gab schöne Empfangsräume und einen hübschen Garten, aber die Wohnzimmer waren klein, nicht zahlreich und ausgesprochen düster. Natürlich sah ich W. viel seltener. Er kam nie zum Frühstück nach Hause, außer sonntags, da es von der Rue de Grenelle zum Etoile zu weit war. Der Arc de Triomphe steht auf dem Place de l'Etoile am oberen Ende der Champs-Elysées. Alle großen Avenues, Alma, Jéna, Kléber und die angrenzenden Straßen sind als Quartier de l'Etoile bekannt. Damals gab es noch kein Telefon, und wenn er abends zu Hause eine wichtige Mitteilung zu erhalten hatte, kam ein Dragoner mit seiner kleinen schwarzen Tasche angeritten, aus der er seine Papiere holte. Als er das erste Mal nach zehn Uhr ankam, herrschte in unserer ruhigen Straße ziemliche Aufregung. Wir schafften gerade noch unseren Morgenritt, und dann warteten oft Leute darauf, mit W. zu sprechen, bevor wir losfuhren, und immer, wenn er zurückkam. Sein Ministerium war mit einer großen Anzahl von Mäzenen verbunden, er war für alle Universitäten, Lycées, Schulen usw. nominiert und hatte, was mir am angenehmsten war, Logen in allen staatlichen Theatern – der Grand Opera, der Opéra Comique, der Français, des Odéon und des Conservatoire. Jeden Montagmorgen erhielten wir die Liste für die Woche und verteilten sie, nachdem wir unsere eigene Auswahl getroffen hatten, an die offizielle Welt im Allgemeinen – manchmal auch an unsere eigenen persönlichen Freunde. Die Logen der Français, der Opéra und des Conservatoire wurden sehr geschätzt.

Ich ging sehr regelmäßig zu den Sonntagnachmittagskonzerten im Konservatorium, wo alle klassischen Stücke hervorragend gespielt wurden. Sie beschränkten sich im Allgemeinen auf die streng klassische Musik, begannen in diesem Jahr aber, ein wenig Schumann zu spielen. Einige der Gesichter der Stammgäste wurden mir sehr vertraut. In der ersten Reihe des Parketts (äußerst unbequeme Sitze) saßen drei oder vier alte Männer mit grauem Haar, die jede Note der Musik verfolgten und sich umdrehten und jede unglückliche Person in einer Loge anstarrten, der ein Fächer oder ein

Opernglas herunterfiel. Es war lustig, das zufriedene Summen zu hören, wenn ein bekannter Satz von Beethoven oder Mozart in Angriff genommen wurde. Das Orchester war perfekt, am besten, glaube ich, in den „Scherzos", die sie in wunderschönem Stil spielten – so leicht und sicher. Mir gefiel der Instrumentalpart viel besser als der Gesang. Französische Stimmen, insbesondere die der Frauen, sind in der Regel dünn. Ich denke, sie opfern zu viel für die „Diktion" – bringen die Stimmen nicht genug zum Vorschein – aber der Stil und die Ausbildung sind für ihre Art perfekt.

Das Conservatoire ist ebenso ein gesellschaftliches Ereignis wie eine Musikschule. Es war das, was man am Sonntagnachmittag tat. Keine Einladung wurde mehr geschätzt, da es fast unmöglich war, einen Platz zu bekommen, wenn man nicht von einem Freund eingeladen wurde. Alle Logen und Sitze (der Saal ist klein) gehören Abonnenten und das schon seit ein oder zwei Generationen. Viele Ehen werden dort geschlossen. Es gibt in Paris nur sehr wenige Theater, in die man Mädchen mitnehmen kann, aber die Opéra Comique und das Conservatoire sind sehr beliebte Ausflugsziele. Wenn eine Hochzeit bevorsteht, wird die junge Dame, sehr gut gekleidet (immer im einfachsten tenue de jeune fille), von ihrem Vater und ihrer Mutter und sehr oft auch von ihrer Großmutter ins Conservatoire oder in die Opéra Comique gebracht. Sie sitzt vor der Loge und der junge Mann im Parkett, wo er seine zukünftige Frau studieren kann, ohne sich festzulegen. Der Unterschied in der Kleidung zwischen der jeune fille und der jeune femme ist in Frankreich sehr stark ausgeprägt. Das französische Mädchen trägt nie Spitze, Juwelen, Federn oder schwere Stoffe jeglicher Art, ganz anders als ihre englischen oder amerikanischen Zeitgenossen, die tragen, was ihnen gefällt. Das Hochzeitskleid ist klassisch, ein einfaches, sehr langes Kleid aus weißem Satin und normalerweise einem Tüllschleier über dem Gesicht. Wenn es in der Familie einen schönen Spitzenschleier gibt, trägt die Braut ihn manchmal, aber keine Spitze an ihrem Kleid. Das erste, was die junge verheiratete Frau tut, ist, ein sehr langes Samtkleid mit Federn im Haar zu tragen.

Ich denke, dass die arrangierten Ehen im Großen und Ganzen genauso gut verlaufen wie alle anderen. Sie werden im Allgemeinen von Leuten aus derselben Schicht geschlossen, die an dieselbe Lebensweise gewöhnt sind und deren Vermögen sich so ähnlich wie möglich ist. Alles ist kalkuliert. Das junge Paar verbringt den Sommer normalerweise mit den Eltern oder Schwiegereltern im Schloss, und ich kenne einige Fälle, in denen es merkwürdige Einzelheiten über die Anzahl der Lampen gibt, die in ihren Zimmern angezündet werden können, und über die Nutzung der Kutsche an bestimmten Tagen. Ich spreche natürlich von rein französischen Ehen. Für meine amerikanischen Vorstellungen kam es mir sehr seltsam vor, als ich zum ersten Mal nach Europa kam, aber ein langer Aufenthalt in einem fremden Land verändert sicherlich die Eindrücke. Vor Jahren, als wir als vier Schwestern in Rom lebten, bevor eine von uns verheiratet war, machte sich eine bezaubernde Französin, Duchesse de B., die oft ins Haus kam, große Sorgen um diese Familie von Mädchen, die alle zu Hause sehr glücklich und mit ihrem Leben zufrieden waren. Es stimmte ganz richtig, dass wir tanzten und jagten und viel Musik machten, ohne uns jemals um die Zukunft zu sorgen. Die Herzogin konnte es nicht verstehen, sie sprach oft sehr ernst mit ihrer Mutter. Eines Tages kam sie mit einem Heiratsantrag – ein charmanter Mann, ein Franzose, nicht zu jung, mit einem Vermögen, einem Titel und einem Schloss, hatte die Töchter von Madam King im Ballsaal und auf dem Jagdfeld gesehen und würde sehr gern vorgestellt werden und seine Ehrerbietung genießen. „Welche?", fragten wir natürlich, aber die Antwort war vage. Sie klang so seltsam unpersönlich, dass wir sie kaum ernst nehmen konnten. Wir schlugen jedoch vor, dass der junge Mann kommen sollte und jede der vier ihr besonderes Talent zeigen sollte. Einer würde spielen und einer würde singen (ähnlich wie das Lied im Kinderbuch: „Eine konnte tanzen und eine konnte singen und eine konnte Geige spielen"), und der dritte, der Polyglotte der Familie, konnte mehrere Sprachen sprechen. Wir waren ziemlich verwirrt, was meine älteste Schwester tun könnte, da sie nicht sehr gesellig war und, wenn sie es vermeiden konnte, nie mit Fremden sprach. Also beschlossen wir, dass sie sehr gut gekleidet sein und hinter einer altmodischen silbernen Urne, die wir immer benutzten, am Teetisch sitzen und aussehen musste wie eine stattliche Maîtresse de Maison, die ihre Gäste empfing. Wir vertrauten der Duchesse all diese Pläne an, aber sie war ziemlich verärgert über uns, wollte den jungen Mann nicht mitbringen und uns auch seinen Namen nicht sagen. Wir wussten nie, wer er war. Seitdem ich Französin bin (devant la loi) – ich glaube, alle Amerikaner bleiben Amerikaner, egal wo sie heiraten –, habe ich mich drei oder vier Mal für arrangierte Ehen interessiert, die im Allgemeinen gut ausgegangen sind. In all diesen Jahren gab es in Frankreich nur sehr wenige Amerikaner, die heirateten, jetzt gibt es Legionen aller Art. Ich erinnere mich an keine in der offiziellen parlamentarischen Welt, in der ich in den ersten Jahren meiner Ehe lebte – und auch nicht an Engländer. Es war absolut französisch und eher borné französisch. Die wenigsten Menschen, insbesondere die Frauen, verfügten über Kenntnisse oder Erfahrungen im Ausland und hatten auch gar keinen Wunsch danach, denn ihnen genügte Frankreich.

W. war sehr glücklich im Ministerium für öffentliche Bildung – alle Bildungsfragen interessierten ihn so sehr, ebenso die Tournées en Province und die Besuche der großen Schulen und Universitäten – bei einigen von ihnen, besonders im Süden Frankreichs, fehlte es merkwürdigerweise an den elementarsten Details der Hygiene und Sauberkeit, und es war sehr schwierig, die notwendigen Änderungen vorzunehmen, um mehr Licht, Luft und Raum zu schaffen. Routine ist ein mächtiger Faktor in diesem sehr konservativen

Land, in dem so viele Dinge einfach existieren, weil sie schon immer existiert haben. Einige seiner Briefe aus Bordeaux, Toulouse und Montpellier waren höchst interessant. In der Regel wurde er sehr gut aufgenommen und kam seltsamerweise sehr gut mit dem Klerus aus, besonders mit dem Hohen Klerus, den Bischöfen und Kardinälen. Dass er Protestant war, war ihm eher eine Hilfe; er konnte die Dinge unparteiisch betrachten.

In Bordeaux wohnte er in der Präfektur, wo er sich sehr wohl fühlte, aber die Tage waren ermüdend. Er sagte, er habe seit Jahren nicht mehr so hart gearbeitet. Er begann um neun Uhr morgens mit der Besichtigung von Schulen und Universitäten, kam um zwölf zum Frühstück nach Hause und hatte gleich danach einen kleinen Empfang mit Rektoren, Professoren und Leuten, die mit den Schulen in Verbindung standen, mit denen er sprechen wollte. Um drei begann er wieder, sich weitere Schulen anzusehen und die Gebäude gewissenhaft vom Keller bis zum Dachboden zu durchforsten – dann Besuche beim Kardinal, Erzbischof, kommandierenden General usw. – ein großes Abendessen und ein Empfang am Abend, der Kardinal in seinen roten Roben anwesend, sein Koadjutor in Purpur, die Offiziere in Uniform und alle Leute, die in irgendeiner Weise mit der Universität in Verbindung standen und sich freuten, ihren Chef zu sehen. Bonapartistische Senatoren und Abgeordnete fehlten völlig (was nicht überraschend war, da W. immer in heftiger Opposition zum Kaiser gestanden hatte), die in diesen Gegenden ziemlich zahlreich waren. W. war wirklich ganz erschöpft, als er nach Paris zurückkam – sagte, es sei ein absoluter Luxus, ruhig in seiner Bibliothek zu sitzen und zu lesen und nicht zu reden. Es war kein Luxus, den er sehr genoss, denn wann immer er im Haus war, unterhielt sich immer jemand in seinem Arbeitszimmer mit ihm, und andere warteten im Salon. Jede Minute des Tages war er beschäftigt. Immer kamen Leute, um etwas für sich selbst oder einige ihrer Familienmitglieder zu erbitten, immer waren es Kandidaten für das Institut, die besorgt nach ihren Chancen fragten und ob er sie seinen Freunden empfohlen hätte. Es ist sogar in diesem Land der Beamten (ich glaube, es gibt in Frankreich mehr kleine Staatsbedienstete als in jedem anderen Land) bemerkenswert, wie viele Bewerber es immer für die unbedeutendsten Stellen gab – ein Franzose liebt eine Mütze mit Goldborte und Goldknöpfen an seinem Mantel.

Der ganze Winter 1876, der das Ende der Nationalversammlung und den Beginn eines neuen Regimes mit sich brachte, war in parlamentarischen Kreisen ereignisreich. Ich weiß nicht, ob das Land im Allgemeinen sehr aufgeregt über eine neue Verfassung und einen Regierungswechsel war. Ich glaube nicht, dass das Land in Frankreich (die kleinen Landwirte und Bauern) jemals sehr aufgeregt über die Regierungsform ist. Solange die Ernten gut sind und kein Krieg herrscht, der ihnen ihre Söhne und arbeitsfähigen Männer nimmt, ist es ihnen egal, und sie wissen oft nicht, ob ein König oder ein Kaiser über sie regiert. Sie sagen, es gebe einige abgelegene Dörfer, halb versteckt in den Wäldern und Bergen, die immer noch glauben, dass in Frankreich ein König und ein Bourbon regieren. Es musste etwas entschieden werden; das Provisoire konnte nicht länger bestehen; das Land konnte ohne eine feste Regierung nicht weitermachen. Alle Argumente und Verhandlungen dieser Zeit wurden so oft erzählt, dass ich nicht auf Einzelheiten eingehen werde. Die beiden Zentren, das Centre Droit und das Centre Gauche, hatten als große moderierende Elemente der Versammlung alles in ihren Händen, aber die widersprüchlichen Ansprüche der verschiedenen Parteien – der Legitimisten, Orleanisten, Bonapartisten und der fortgeschrittenen Linken – machten die Frage sehr schwierig.

W. war als Mitglied des Comité des Trente sehr beschäftigt und beschäftigt. Er kam im Allgemeinen sehr spät aus Versailles zurück, und wenn er zu Hause zu Abend aß, ging er entweder nach dem Abendessen noch einmal zu einigen der zahlreichen Versammlungen in verschiedenen Häusern oder hatte Leute zu Hause. Ich denke, die große Mehrheit der Abgeordneten versuchte ehrlich, das zu tun, was sie für das Land für das Beste hielten, und wenn man sich an die Namen und Persönlichkeiten auf beiden Seiten erinnert – MacMahon, Broglie, d'Audiffret-Pasquier, Buffet, Dufaure und Thiers, Casimir Périer, Léon Say, Jules Simon, Jules Ferry, Freycinet und viele andere –, ist es unmöglich zu glauben, dass einer dieser Männer von einem anderen Geist beseelt war als von der Liebe zum Land und dem brennenden Wunsch, eine stabile Regierung wiederherzustellen, die es Frankreich ermöglichen würde, seinen Platz unter den Großmächten wieder einzunehmen. Leider erschwerten die Meinungsverschiedenheiten hinsichtlich der Regierungsform die Dinge sehr. Einige der jungen Abgeordneten, die gerade erst aus dem Krieg zurückgekehrt waren und unter dem Gefühl der Demütigung litten, reagierten sehr heftig auf jede royalistische und insbesondere bonapartistische Restauration.

[Abbildung: Treffen der Beamten der Nationalversammlung und der Delegierten der neuen Kammern im Salon des Herkules im Schloss von Versailles. Aus *L'Illustration*, 11. März 1876.]

IV

Die soziale Seite einer Pfarrersfrau

Mein erstes großes Abendessen im Ministerium für öffentliche Bildung hat mich ziemlich eingeschüchtert. Wir waren fünfzig Leute – ich war die einzige Dame. Am Nachmittag ging ich ins Ministerium, um mir den Tisch anzusehen, der sehr schön gedeckt war, mit Unmengen von Blumen, schönem Sèvres-Porzellan und nicht viel Silber – davon ist in Frankreich nur noch sehr wenig übrig, da es zur Zeit der Revolution alles eingeschmolzen wurde. Die offiziellen Abendessen sind in Paris immer gut gemacht. Ich nehme an, die Traditionen des Kaiserreichs wurden weitergegeben. Wir kamen ein paar Minuten vor acht an, alle Mitarbeiter und Direktoren waren bereits da, und zehn Minuten nach acht waren alle da. Ich saß zwischen Gérôme, dem Maler, und Renan, zwei sehr unterschiedlichen Männern, aber jeder ganz charmant – Gérôme war groß, schlank, lebhaft und sprach sehr locker über alles. Er sagte mir, wer viele der Leute waren, und machte ein paar Bemerkungen über ihren Beruf und ihre Karriere, was mir sehr nützlich war, da ich so wenige von ihnen kannte. Renan war klein, kräftig, hatte einen sehr großen Kopf und wirkte beinahe unscheinbar, aber er hatte ein sehr charmantes Auftreten und das bezauberndste Lächeln und die bezauberndste Stimme, die man sich vorstellen kann. Er speiste oft mit uns in unserem eigenen Haus, en petit comité, und war immer charmant. Er war einer jener glücklichen Sterblichen (und davon gibt es nicht viele), die jedes Thema, das sie besprachen, interessant machten.

Nach dieser ersten Erfahrung gefielen mir die großen Männeressen sehr gut. Es gab keine allgemeine Unterhaltung; ich sprach ausschließlich mit meinen beiden Nachbarn, aber da sie immer in irgendeinem Bereich der Kunst, Wissenschaft oder Literatur hervorragten, war die Unterhaltung brillant, und ich fand, dass die Stunde, die unser Essen dauerte, sehr kurz war. W. legte großen Wert darauf, keine langen Abendessen zu veranstalten. Später, im Außenministerium, wo wir manchmal achtzig Gäste hatten, dauerte das Abendessen nie länger als eine Stunde. Ich blieb nicht den ganzen Abend bei den Männeressen. Sobald sie sich zerstreuten, um zu reden und zu rauchen, ging ich weg und überließ es W., seine Gäste zu unterhalten. Wir hatten oft große Empfänge mit Musik und Komödie. Bei einer unserer ersten großen Partys waren mehrere Mitglieder der Familie Orléans zu Gast. Ich war ziemlich nervös, da ich noch nie Mitglieder des Königshauses empfangen hatte – tatsächlich hatte ich noch nie mit einem königlichen Prinzen oder einer königlichen Prinzessin gesprochen. Ich hatte als Mädchen während der letzten Tage von Pius IX. viel in Rom gelebt, und während des Kaiserreichs war ich nie in Paris. Als wir eines Winters nach der Thronbesteigung von König Viktor Emanuel nach Rom zurückkehrten, befand ich mich zum ersten Mal in einem Raum mit Mitgliedern des Königshauses, dem Prinzen und der Prinzessin von Piémont. Ich erinnere mich noch gut daran, wie überrascht ich war, als zwei der Römer, die wir sehr gut kannten, rückwärts in den Ballsaal kamen, in dem wir saßen. Ich dachte, sie erwarteten den Karneval und verkleideten sich ein wenig, denn ich bemerkte nicht, dass alle standen. Ich blieb einen Moment sitzen (sehr zum Entsetzen einer der englischen Sekretärinnen, die bei uns war und dachte, wir würden eine amerikanische Demonstration mit ausgebreiteten Armen und Beinen abhalten, wenn die Mitglieder des Königshauses erscheinen). Doch instinktiv erhoben wir uns ebenfalls (vielleicht um zu sehen, was los war), gerade als die Prinzen vorbeikamen. Prinzessin Marguerite sah bezaubernd aus, in Weiß gekleidet, mit ihren prächtigen Perlen und ihrem schönen blonden Haar.

Als beschlossen wurde, die Fürsten von Orléans zu unserer Party einzuladen, dachte ich daran, den Duc Décazes, den Außenminister, zu besuchen, einen charmanten Mann und charmanten Kollegen, um genaue Informationen über meinen Teil der Unterhaltung zu erhalten. Er konnte sich nicht vorstellen, was ich wollte, als ich in sein Kabinett eindrang, und war sehr amüsiert, als ich meinen Standpunkt darlegte.

„Es ist nichts Ungewöhnliches, die Prinzen bei einem Ministertreffen zu empfangen. Sie müssen so vorgehen, wie Sie es immer getan haben.“

ja gerade die Frage . Ich habe nie in meinem Leben ein Wort mit einer königlichen Persönlichkeit gewechselt.“

"Es ist nicht möglich!"

„Das stimmt absolut. Ich habe noch nie an einem Ort gelebt, wo es ein Gericht gab.“

Als er sah, dass ich es ernst meinte, war er so nett wie möglich und sagte mir *genau* , was ich wissen wollte – dass ich nicht jedes Mal, wenn ich spreche, „Altesse royale“ sagen müsse, sondern nur gelegentlich, weil das allen gefällt – dass ich in der dritten Person sprechen müsse, „Madame veut-elle“, „Monseigneur veut-il me permettre“ usw., und auch, dass ich immer an der Tür sein müsse, wenn eine Prinzessin ankäme, und sie selbst zu ihrem Platz begleiten müsse.

„Aber wenn ich am einen Ende der langen Enfilade von Räumen stehe und die
Comtesse de Paris zu ihrem Platz bringe und eine andere Prinzessin (Joinville oder Chartres) eintrifft, was muss dann getan werden?“

„Ihr Mann muss immer mit seinem Kabinettschef an der Tür stehen, der ihn vertritt, während er die Prinzessin zu ihrem Platz bringt.“

Die Marquise de L., eine bezaubernde alte Dame mit weißem Haar, wunderschönen blauen Augen und rosigen Wangen, eine gute Freundin der Familie Orléans, begleitete mich, als ich meine Besuchsrunde machte, um den königlichen Damen für die Annahme unserer Einladung zu danken. Wir trafen niemanden an außer der Prinzessin Marguerite, der Tochter des Herzogs von Nemours, die in Neuilly lebte. Ich erhielt von der Marquise alle Anweisungen, wie viele Höflichkeiten ich ihr erweisen sollte, wie ich sie anreden sollte und vor allem, nicht zu sprechen, bis die Prinzessin mit mir sprach. Wir wurden in einen hübschen Salon geführt, der auf einen Garten hinausging, wo die Prinzessin an einem Ende des Raumes wartete. Madame de L. nannte mich, ich erwies ihr meine Höflichkeiten, die Prinzessin schüttelte mir die Hand, und dann blieben wir stehen und einander gegenüber. Sie sagte nichts. Ich stand vollkommen aufrecht und ruhig da und wartete. Sie wechselte die Farbe, bewegte nervös ihre Hände, war offensichtlich von Schüchternheit überwältigt, gab aber keinen Laut von sich. Es kam mir sehr lange vor, dauerte in Wirklichkeit nur ein paar Sekunden, aber ich wurde ziemlich nervös, als plötzlich ein Kind durch den Garten lief. Das brach das Eis und sie stellte mir die klassische königliche Frage: „Avez-vous des enfants, madame?" Ich hatte nur eins, und es war ziemlich klein, aber sein Kindermädchen, seine Zähne und sein Essen hielten mich eine Weile auf Trab, und danach unterhielten wir uns ein wenig, aber ich kann nicht sagen, dass der Besuch wirklich interessant war. Solange ich im öffentlichen Leben stand, bedauerte ich, dass ich nur ein Kind hatte – Kinder und Kindergärten und Schulzimmer waren immer ein unfehlbares Gesprächsthema. Französinnen aller Klassen interessieren sich viel mehr für die Einzelheiten ihrer Kindergärten und die Ausbildung und Erziehung ihrer Kinder als wir Angelsächsinnen. Ich kenne mehrere Mütter, die den gesamten Studienverlauf ihrer Söhne verfolgten, als diese sich auf ihr Abitur vorbereiteten, sogar bis zum Schreiben der Aufsätze. Die Oberschwester (Englisch), die die alleinige Verantwortung für ihr Kinderzimmer übernimmt, keine Einmischung mag und die Kinder zu festgelegten Zeiten zu ihrer Mutter bringt, gibt es in Frankreich nicht.

Unsere Gesellschaft war sehr glänzend, alle möglichen Berühmtheiten aller Art und die führenden Pariser Künstler der Grand Opera, der Opéra Comique und des Français. Sobald die Vorstellung vorbei war, sagte mir W., ich müsse hingehen und den Künstlern danken; er könne seine Prinzen nicht verlassen. Ich machte mich auf den Weg zum letzten der langen Reihe von Salons, wo sie alle versammelt waren. Comte de L., W.s Kabinettschef, begleitete mich, und uns ging ein Huissier mit Schwert und Kette voraus, der uns durch die Menge lotste. Ich fühlte mich sehr schüchtern, als ich im Künstlersalon ankam. Die Künstler hatten sich in zwei Reihen aufgestellt, die Frauen auf der einen Seite, die Männer auf der anderen, und natürlich waren alle Augen auf Madame la Ministresse gerichtet. Madame Carvalho, Sarah

Bernhardt und Croizette standen an der Spitze der langen Reihe von Frauen; Faure, Talazac, Delaunay, Coquelin auf der anderen Seite. Ich ging zuerst die ganze Reihe der Frauen entlang und kam dann zu den Männern zurück. Schon nach den ersten Worten des Dankes und des Interesses wurde mir klar, wie leicht es Prinzen oder anderen hochrangigen Personen fällt, Freude zu bereiten. Sie reagierten alle so lächelnd und natürlich auf alles, was ich sagte. Nach den ersten zwei oder drei Worten störte es mich überhaupt nicht mehr und ich konnte mich ganz einfach über die Akustik unterhalten, über die Schwierigkeit, eine bekannte Rolle ohne Kostüme, Kulissen usw. zu spielen, über die Unannehmlichkeiten, die es mit sich bringt, wenn das Publikum so nah ist. Bei unseren Partys gab es oft Musik und Rezitationen, und das war mir immer eine große Freude. Ich erinnere mich noch gut an einen Abend, als wir den Chor des Konservatoriums hatten und sie ganz wunderbar das alte „Plaisirs d'Amour" aus unserer Kindheit sangen. Es war ein großer Erfolg und sie mussten es wiederholen. W. machte eine große Neuerung bei der Kleidung der Damen des Konservatoriumschors. Sie waren immer weiß gekleidet, was für die jungen, zierlichen Gestalten sehr gut war, für eine stämmige Dame mittleren Alters jedoch weniger erfreulich. Nach langen Diskussionen wurde entschieden, Schwarz als offizielle Kleidung einzuführen, und ich muss sagen, dass dies eine enorme Verbesserung darstellte.

DIE SOZIALE SEITE

Alle möglichen interessanten Leute besuchten uns im Ministerium für öffentliche Bildung, unter anderem der verstorbene Kaiser von Brasilien, Don Pedro de Bragance, der in diesem Jahr einige Monate mit seiner Tochter, der jungen Comtesse d'Eu, in Paris verbrachte. Er war ein großer, gutaussehender Mann mit einem charmanten, lockeren Auftreten, sehr kultiviert und sehr interessiert an allem – Kunst, Literatur, Politik. Seine Herren sagten, er habe die Energie eines 25-jährigen Mannes und sei in Paris weit über die mittleren Jahre hinaus. Manchmal waren sie nach einem langen Tag voller Besuche und Besichtigungen mit ihm ziemlich erschöpft. Er war ein Frühaufsteher. Eines der ersten Rendezvous, das er mit W. gab, war um neun Uhr morgens, was die Gewohnheiten dieses Herrn sehr störte. Er war nie ein Frühaufsteher, arbeitete immer sehr lange (sagte, seine besten Depeschen seien nach Mitternacht geschrieben worden) und machte sich nichts daraus, seinen Tag zu früh zu beginnen. Eine andere interessante Persönlichkeit war Mommsen, der deutsche Historiker und Gelehrte. Er war ein alter Mann mit malerischem Aussehen, scharfen blauen Augen und viel weißem Haar. Ich glaube nicht, dass ihn irgendetwas Modernes besonders interessierte. Als ich ihn das erste Mal sah, war er schon ein alter Mann und sah sogar noch älter aus als er war. Er und W. vertieften sich in sehr lange, gelehrte Diskussionen über Antiquitäten und Medaillen. W. sagte, die Stunden mit Mommsen hätten ihm Ruhe gegeben, eine solche Abwechslung zu den „Fachgesprächen", die in Frankreich immer mit Politik vermischt sind.

Wir hatten zu Hause oft politische Frühstücke (eher Frühstücke als Abendessen). Unsere Abgeordneten und Senatoren aus der Aisne waren keine besonders mondänen Leute und gingen nicht gern auswärts essen. Sie waren recht nett, wenn sie über Themen sprachen, die sie interessierten. Henri Martin, Senator der Aisne, war ein altmodischer Republikaner, der absolut davon überzeugt war, dass in Frankreich nie eine andere Regierung Erfolg haben würde, aber er war gemäßigt. St. Vallier, ebenfalls Senator aus der Aisne, war nervös und ließ sich leicht entmutigen, wenn die Dinge nicht glatt liefen, aber auch er dachte, die Republik sei jetzt die einzig mögliche Regierung, was auch immer seine früheren Präferenzen gewesen sein mögen.

W.s Amtszeit endete am berühmten 16. Mai 1877, als Marschall MacMahon plötzlich die Dinge selbst in die Hand nahm und sein Kabinett unter dem Vorsitz von M. Jules Simon entließ. Die Dinge waren schon seit einiger Zeit nicht mehr reibungslos gelaufen, was zwischen zwei Männern mit so völlig unterschiedlicher Herkunft, Gewohnheiten und Ansichten nicht möglich war. Dennoch war der berühmte Brief, den der Marschall an Jules Simon schrieb, ein Donnerschlag. Am Morgen des 16. Mai ging ich auf den Champs-

Elysées und in Faubourg St. Honoré umher und sah alle Kutschen, einschließlich unserer eigenen, vor dem Innenministerium warten, wo der Conseil tagte. Ich ging nach Hause zum Frühstück und dachte, W. sei später als gewöhnlich, aber ich hätte nie gedacht, was geschah. Als er schließlich ganz gelassen und lächelnd mit seiner Nachricht erschien: „Wir sind nicht im Amt; der Marschall hat uns alle zu unseren Geschäften geschickt", konnte ich es kaum glauben, selbst als er mir alle Einzelheiten erzählte. Dass etwas nicht stimmte, war mir schon lange klar, aber im Kabinett gab es ständig so viele Reibereien und Gegensätze, dass ich den Berichten über stürmische Sitzungen keine große Bedeutung beimaß und dachte, die Dinge würden sich schon beruhigen.

[Abbildung: Theodor Mommsen. Nach einem Gemälde von Franz von Lenbach.]

W. sagte, der Marschall sei sehr höflich zu ihm gewesen, aber es sei offensichtlich, dass er Jules Simon und die verschiedenen Maßnahmen, die er für bevorstehend hielt, nicht länger ertragen könne. Nach dem Frühstück hatten wir viele Besucher, alle sehr aufgeregt und sich fragend, was der nächste Schritt sein würde – ob die Kammern aufgelöst würden, der Marschall versuchen würde, ein Kabinett der Rechten durchzusetzen oder vielleicht ein weiteres gemäßigt liberales Kabinett ohne Jules Simon zu bilden, aber einige seiner Minister behalten würde. Es war mein Empfangsnachmittag, und während ich ruhig in meinem Salon saß, mit einigen meiner Freunde sprach, Pläne für den Sommer schmiedete und ganz froh war, W. wieder für mich zu haben, eilte der Butler ins Zimmer und sagte mir, dass die Maréchale de MacMahon auf der Treppe sei und mich besuchen käme. Ich war sehr überrascht, da sie mich sonst nie besuchte. Wir trafen uns sehr selten, außer bei offiziellen Anlässen, und sie machte kein Geheimnis aus ihrer Abneigung gegenüber den offiziellen republikanischen Damen (aber sie hatte immer vollkommen recht, wenn auch nicht enthusiastisch). Ich hatte gerade noch Zeit, oben an der Treppe anzukommen, um sie zu empfangen. Sie war sehr liebenswürdig, ein wenig verlegen, nahm eine Tasse Tee und sagte, der Marschall täte sehr leid, sich von W. zu trennen, er habe nie irgendwelche Schwierigkeiten oder Meinungsverschiedenheiten mit ihm gehabt, aber es sei unmöglich, mit einem Kabinett weiterzumachen, wenn keine der beiden Parteien Vertrauen in die andere habe. Ich stimmte ihr vollkommen zu und sagte, es sei das Schicksal des Krieges; ich hoffte, der Marschall würde einen anderen Premierminister finden, der ihm gegenüber aufgeschlossener wäre, und dann sprachen wir über andere Dinge.

Meine Freunde waren ganz amüsiert. Eine von ihnen, die Marquise de T., kannte die Maréchale recht gut und sagte, sie wolle sie fragen, ob sie verpflichtet sei, den Frauen aller verstorbenen Minister Beileidsbekundungen zu machen. W. war ziemlich erstaunt, als ich ihm erzählte, wer mit mir zum

Tee gekommen war, und dachte, das Gespräch müsse schwierig gewesen sein. Ich sagte ihm, überhaupt nicht, nachdem die notwendigen Floskeln über die scheidenden Minister vorbei waren. Das Klavier stand offen, überall lagen Noten herum; sie liebte Musik und bewunderte sehr ein Porträt ihres Vaters als Junge im Harrow-Kleid, fragte, wer es sei und was das für ein Kleid sei. Sie war eine perfekte Frau von Welt, und niemand fühlte sich unwohl.

Es kam mir ziemlich seltsam und sehr angenehm vor, nach zwei Jahren im öffentlichen Leben mein altes Leben wieder aufzunehmen. W. frühstückte zu Hause, ging jeden Tag in den Senat und freitags ins Institut, und wir aßen mit unseren Freunden zu Abend und hatten kleine Abendessen in unserem eigenen Haus anstelle von offiziellen Banketten in allen Ministerien (normalerweise von Potel und Chabot an der Spitze). Den ganzen Sommer über war in der Politik sehr lebhaft. Die Kammern wurden fast sofort nach der Bildung des neuen Kabinetts unter dem Vorsitz des Herzogs von Broglie aufgelöst. Es war vom ersten Moment an klar, dass das neue Ministerium nicht überleben würde und nicht überleben konnte. (Der Herzog von Broglie war sich dieser Tatsache durchaus bewusst. Seine ersten Worte bei seinem Amtsantritt waren: „On nous a jetés à l'eau, maintenant il faut nager.") Er kämpfte sehr gut, aber er hatte den schlimmsten aller Fehler eines Führers: Er war unbeliebt. Er war ein brillanter, kultivierter Redner, hatte aber ein knappes, diktatorisches Auftreten und blickte immer auf sein Publikum herab. Ganz anders als sein Kollege, der Duc Décazes, dessen charmante, höfliche Art und schöne blaue Augen ihn sogar unter seinen Gegnern zu Freunden machten. Es gibt eine bekannte Geschichte über die beiden Herzöge, die genau die Persönlichkeit der Männer zeigt. Jemand, ein Abgeordneter, glaube ich, wollte unbedingt etwas, das einer der beiden Herren geben konnte. Er ging zuerst zum Duc Décazes, dem damaligen Außenminister, der ihn charmant empfing, sehr freundlich und höflich war, aber nicht tat, was der Mann wollte. Dann ging er zum Duc de Broglie, dem Président du Conseil, der beschäftigt war, ihn sehr knapp empfing, seine Erklärungen abkürzte und tatsächlich äußerst unangenehm war, aber seine Sache tat, und der Mann liebte Décazes und hasste de Broglie. Alle möglichen Gerüchte waren im Umlauf; wir hörten die wildesten Geschichten und Pläne. Eines Tages kam W. herein und sah ziemlich beschäftigt aus. Es gab die Vorstellung, dass die Rechte die strengsten Maßnahmen ergreifen und alle Minister, Mitglieder von Jules Simons Kabinett und viele der prominenten Liberalen verhaften würde. Er sagte, das sei durchaus möglich, und gab mir dann verschiedene Anweisungen. Ich sollte vor allem keinen Aufstand machen, wenn sie wirklich kämen, um ihn zu verhaften. Er zeigte mir, wo alle seine Schlüssel, Papiere und sein Geld waren, und sagte mir, ich solle sofort zu seinem Onkel, Herrn Lutteroth, gehen, der nebenan wohnte. Er war ein alter Diplomat, kannte jeden und würde mir sehr gute Ratschläge geben. Ich war nicht sehr glücklich, aber wie so viele Dinge, die vorhergesagt werden, geschah nie etwas.

Ein weiteres Gerücht, diesmal von der extremen Linken, besagte, dass sich eine große Streitmacht unter dem Kommando eines bekannten Generals mit sehr hohem Karriereniveau im Norden bei Lille versammeln sollte, ein starkes Kontingent Republikaner sollte sich ihnen anschließen, um einsatzbereit zu sein. Ich erinnere mich noch gut daran, wie eines Morgens zwei von W.s Freunden voller Enthusiasmus für diesen Plan hereinkamen. Ich glaube nicht, dass sie genau wussten, was sie mit ihrer Armee tun würden. W. wusste es jedenfalls nicht. Er hörte sich alle Einzelheiten des Plans an; sie gaben ihm den Namen des Generals, der angeblich sehr republikanische Sympathien hegte (was bei Offizieren normalerweise nicht der Fall ist), die Anzahl der Regimenter usw., die auf ein bestimmtes Signal hin marschieren würden, aber als er sagte: „Es ist möglich, Sie könnten eine bestimmte Anzahl von Männern zusammenbekommen, aber was würden Sie mit ihnen tun?", waren sie ziemlich verblüfft. Sie waren nicht weiter gekommen als zu einer großen patriotischen Demonstration mit dem Militär, Trommeln, wehenden Fahnen und der Marseillaise, die von einer aufgeregten Menge gebrüllt wurde. Solche extremen Maßnahmen wurden jedoch nie durchgeführt. Vom ersten Moment an war klar, dass eine große republikanische Mehrheit wiedergewählt werden würde; fast alle früheren Abgeordneten wurden wiedergewählt und eine Reihe neuer, die ihrer Meinung nach fortschrittlicher waren. Auf dem Land war dies das einzige Gesprächsthema.

Das Parlament wurde im Juni 1877 aufgelöst, aber wir blieben bis Ende Juli in der Stadt. Es war nicht sehr warm und viele Leute blieben bis zum Ende der Sitzung. Auch die großen Schulen schließen erst am 15. Juli, und viele Eltern bleiben in Paris. Der republikanische Wahlkampf hatte bereits begonnen, und es gab zahlreiche kleine Abendessen und Versammlungen, bei denen Pläne und Möglichkeiten besprochen wurden. W. kam normalerweise sehr spät aus Versailles zurück. Wenn er wusste, dass die Sitzung sehr spät dauern würde, ließ er mir Bescheid sagen, und ich ging normalerweise mit Mutter essen, aber manchmal musste er stundenlang dort bleiben. Ich musste lange warten, bevor wir essen konnten, und Hubert, der Kutscher, verbrachte Stunden im Hof des Gare St. Lazare und wartete auf seinen Herrn. Wir hatten eine große braune Stute, einen sehr schnellen Traber, der immer den Zugdienst übernahm, und die beiden waren manchmal von halb sieben bis halb zehn dort stationiert, aber es schien ihnen nie schlechter zu gehen. W., obwohl im Allgemeinen ein sehr rücksichtsvoller Mann gegenüber seinen Dienern, machte sich nie die geringsten Sorgen, seine Kutscher und Pferde warten zu lassen. Er sagte, die Kutscher seien die am wärmsten gekleideten Männer in Paris, sie achteten immer darauf, gut bedeckt zu sein, und wir hätten nie ausgefallene, hochtrabende Pferde, sondern gewöhnliche, starke, die geduldig warten könnten. W. sagte, die Gespräche in den Kammern und in den Lobbys seien ziemlich wild gewesen – es seien alle möglichen extravaganten Vorschläge gemacht worden. Es gab viele Konferenzen mit dem Duc d'Audiffret-Pasquier, Duc de Broglie – mit Casimir Périer, Léon Say, Gambetta, Jules Ferry und Freycinet –, bei denen die besten Männer beider Seiten sich sehr bemühten, zu einer Einigung zu kommen. W. besuchte M. Thiers im August mehrere Male, der in St. Germain ansässig war. Der alte Staatsmann war so eifrig wie immer, empfing jeden Tag alle möglichen Deputationen, beriet, warnte, ermutigte und war hinsichtlich des Wahlergebnisses ziemlich zuversichtlich. Trotz seines hohen Alters sahen die Menschen in ihm den nächsten Präsidenten. Er war jedoch nicht mehr vergönnt, den Triumph seiner Ideen zu erleben. Er starb plötzlich am 3. September in Saint-Germain. W. sagte, sein Begräbnis sei ein bemerkenswerter Anblick gewesen – Tausende von Menschen folgten dem Trauerzug – ganz Paris erwies dem Libérateur du Territoire die letzte Ehre (obwohl es immer noch Clubs gab, in denen er als le sinistre vieillard bezeichnet wurde). Im August ging W. zu seinem Conseil-Général in Laon, und ich fuhr zu meinem Schwager in Saint-Léger bei Rouen. Wir waren eine sehr glückliche, kosmopolitische Familiengesellschaft. Meine Schwiegermutter war eine geborene Schottin (Chisholm). Sie war ein feiner Typ einer altmodischen, kultivierten Dame mit einem charmanten, höflichen Wesen und lebhaftem Interesse an allem, was in der Welt vor sich ging. Sie war eine alte Dame, als ich heiratete, und hatte fast alle ihre Altersgenossen überlebt, aber sie hatte ein schönes Alter, umgeben von Kindern und Enkelkindern. Sie hatte viele Wechselfälle erlebt, seit ihrer Heirat, als sie im Château St. Remy im Département Eure-et-Loire ankam (wo mein Mann, ihr ältester Sohn, geboren wurde), durch Triumphbögen, die zu Ehren der jungen Braut errichtet worden waren, bis zu den letzten Tagen, als das Vermögen der Familie durch Revolutionen und politische und geschäftliche Krisen in Frankreich schrumpfte. Sie zogen von St. Remy weg, verkauften das Château und bauten ein Haus auf der Spitze eines grünen Hügels in der Nähe von Rouen, ganz umschlossen von großen Bäumen und mit einer reizenden Aussicht vom Rond Point – dem höchsten Teil des Gartens – über Rouen mit den Türmen der Kathedrale in der Ferne. Ich fand sie jeden Morgen, wenn ich in ihr Zimmer kam, am Fenster sitzend, ihre Bücher und ihr Strickzeug auf einem Tisch in der Nähe – mit Blick auf den Rasen und den steilen, gewundenen Pfad, der vom Garten heraufkam –, wo sie jeden Tag drei Generationen ihrer Lieben hatte vorbeigehen sehen – zuerst ihren Mann, dann ihre Söhne – jetzt ihre Enkel. Meine Schwägerin, R.s Frau, war ebenfalls Engländerin; die Tochter des Hauses hatte ihren Cousin de Bunsen geheiratet, der ein deutscher Diplomat gewesen war und fast seine gesamte Karriere in Italien gemacht hatte, in der interessantesten Periode seiner Geschichte, als es für die Emanzipation von der österreichischen Herrschaft und Unabhängigkeit kämpfte. Ich war Amerikanerin, ein ganz neues Mitglied im Familienkreis. Wir hatten viele und höchst angeregte Diskussionen über alle möglichen Themen, in zwei oder drei Sprachen, am Teetisch unter dem großen Baum auf dem Rasen. Französisch und Englisch waren immer im Gespräch, und oft auch Deutsch, da de Bunsen immer Deutsch mit seiner Tochter sprach. Meine Schwiegermutter, die drei oder vier Sprachen beherrschte, war überhaupt nicht einverstanden mit unserer nachlässigen Angewohnheit, unsere Sprachen zu vermischen und französische oder italienische Wörter zu verwenden, wenn wir Englisch sprachen – wenn uns diese leichter fielen. Sie erließ eine Regel, dass wir beim Essen nur eine Sprache verwenden sollten – es war ihr egal, welche, aber wir mussten uns daran halten. Mein Schwager kandidierte für die Delegation. Tagsüber sahen wir ihn nicht oft – seine Wähler und seine Besuche und Reden und Bankette de Pompiers nahmen seine ganze Zeit in Anspruch. Der Beginn seiner Karriere war ganz anders gewesen. Er wurde in England ausgebildet – in Rugby und Woolwich – und diente mehrere Jahre in der Royal Artillery der britischen Armee. Seine militärische Ausbildung war ihm während des Deutsch-Französischen Krieges sehr nützlich, als er eine Feldbatterie ausrüstete und befehligte und den gesamten Feldzug durchführte. Seine englischen Offizierskameraden erinnerten sich immer an ihn. Als wir in England in der Botschaft lebten, wurde ich oft nach ihm gefragt. Eines Tages geschah im House of Lords etwas Merkwürdiges, das das wunderbare Gedächtnis von Prinzen für Gesichter zeigte. R. war für ein paar Tage bei uns, als die jährliche Debatte über den Gesetzentwurf zur Heirat der Schwester einer verstorbenen Frau anstand. Der Prinz von Wales (der verstorbene König Edward) und alle anderen Prinzen waren im Haus anwesend. R. war auch da und stand dort, wo alle Fremden stehen, am Eingang der Lobby. Als die Debatte vorbei war, verließ der Prinz von Wales das Haus. Im Vorbeigehen schüttelte er mehreren Herren, die ebenfalls in der Nähe der Lobby standen, die Hand, darunter auch R. Er blieb einen Moment vor ihm stehen und sagte: „Ich glaube, das ist Mr. Waddington. Als ich Sie das letzte Mal sah, trugen Sie die Uniform Ihrer Majestät." Er hatte ihn seit 25 oder 30 Jahren nicht gesehen. Ich fragte den Prinzen später, wie er ihn erkannte. Er sagte, er wisse es nicht; vielleicht sei ihm in der Gruppe der dort stehenden Männer ein unbekanntes Gesicht aufgefallen – und etwas habe ihn an seinen Bruder, den Botschafter, erinnert.

Im September fuhren wir nach Bourneville und ließen uns dort für den Herbst nieder. W. kandidierte mit dem Grafen de St. Vallier und Henri Martin für den Senat. Sie alle zogen es vor, in ihrem Departement genannt zu werden, wo jeder sie kannte und ihr persönlicher Einfluss leichter spürbar werden konnte. W.s Wahlkampf war nicht sehr anstrengend. Alle Leute kannten und mochten ihn – wussten, dass er alles tun würde, was er versprach. Ihr Programm war absolut republikanisch, aber gemäßigt, und er hielt nur wenige Reden und reiste ein wenig durch das Land. Ich begleitete ihn oft, wenn er ritt, und einige unserer Besuche bei den Bauern und örtlichen Behörden waren unterhaltsam, wenn auch nicht ermutigend. Wir wurden immer sehr gut aufgenommen, aber es war nicht leicht herauszufinden, was sie wirklich über die Lage dachten (falls sie überhaupt darüber nachdachten). Besonders die Kleingrundbesitzer, die Männer, die ein Feld und einen Garten hatten, waren sehr zurückhaltend. Sie hörten allem, was W. zu sagen hatte, aufmerksam genug zu. Er war nie lang, nie persönlich und beschimpfte seine Gegner nie, aber sie äußerten selten eine Meinung. Sie drehten das Gespräch fast immer um eine lokale Angelegenheit oder einen kleinen Ärger. Mir schien, sie interessierten sich nicht im Geringsten für die außergewöhnlichen Veränderungen, die in Frankreich vor sich gingen. Sehr viele Leute kamen, um W. zu besuchen, und manchmal war am Ende des Tages eine merkwürdige Sammlung in seiner Bibliothek. Der Arzt (der immer genaue Informationen hatte – Landärzte haben das immer – sie sehen sehr viele Leute, und ich stelle mir vor, dass die Frauen mit ihnen sprechen und ihnen erzählen, was ihre Männer tun), ein oder zwei Bauern, einige Schulmeister, die Bürgermeister der nächsten Dörfer, die Hauptleute der Feuerwehrleute und der Bogenschützen (in unserem Teil des Landes schießen sie immer noch mit Pfeil und Bogen; jeden Sonntag üben die Männer das Schießen auf eine Zielscheibe) – die Gendarmen, die auch sehr nützlich sind, um Nachrichten zu überbringen – der Notar und gelegentlich ein Unterpräfekt, aber dieser war eine Persönlichkeit, die die Regierung vertrat, und wurde mit mehr Zeremoniell behandelt als die anderen Besucher. Aus all diesen Quellen ging hervor, dass die Republikaner in Massen nach vorne kamen.

Die Republikaner waren (ausnahmsweise) wunderbar diszipliniert und zusammengehalten. Es war wirklich wunderbar, wenn man an all die verschiedenen Elemente dachte, die in der Partei vertreten waren. Es gab genauso viele Unterschiede zwischen den ruhigen gemäßigten Männern des linken Zentrums und der extremen Linken wie zwischen den Legitimisten und jeder Fraktion der Republikanischen Partei. Die Liberalen hatten das starke Gefühl, dass sie gezwungen wurden, dass man sie mit willkürlichen Maßnahmen, vielleicht einem Staatsstreich, überrumpeln würde, und sie waren fest entschlossen, Widerstand zu leisten. Ich glaube nicht, dass jemals die Gefahr eines Staatsstreichs bestand, zumindest nicht, solange Marschall MacMahon das Staatsoberhaupt war. Er war ein ehrenhafter, patriotischer Soldat, der zu keiner Art von Illegalität fähig war. Er mochte die Republik nicht und glaubte ehrlich, dass sie mit den Republikanern niemals Erfolg haben würde (la République sans Républicains war für ihn ihre einzige Chance) – und er hatte sicherlich Illusionen und glaubte, dass es seinen Freunden und Beratern gelingen würde, eine feste konservative Regierung zu bilden und zu halten. Inwieweit seine Gefolgschaft diese Illusion teilte, lässt sich schwer sagen. Sie kämpften tapfer – der Druck der Regierung wurde auf allen Wegen ausgeübt. Präfekten und Unterpräfekten wechselten, zweifelnden Wählern wurden wunderbare Aussichten auf wenig Arbeit und hohe Löhne in Aussicht gestellt und den Massen dieselben glänzenden, trügerischen Versprechungen gemacht, die alle Parteien bei allen Wahlen machen und denen das Volk jedes Mal Glauben schenkt. Auch die Republikaner waren nicht untätig und ihre Seite hielt viele feurige patriotische Reden. Gambetta fesselte sein Publikum stets mit seinen leidenschaftlichen, ernsthaften Deklamationen, und sein berühmter Satz, der Marschall müsse „se soumettre ou se démettre" (dt.: „se soumettre ou se démettre") wurde im ganzen Land zu einem Losungswort.

V

EIN REPUBLIKANISCHER SIEG UND EIN NEUES MINISTERIUM

Die Wahlen fanden im Oktober/November 1877 statt und brachten den Republikanern sofort eine große Mehrheit. W. und seine beiden Kollegen, Graf von St. Vallier und Henri Martin, errangen einen leichten Sieg, aber viele ihrer persönlichen Freunde, die Gemäßigten, wurden geschlagen. Die Zentren waren in den neuen Kammern entschieden schwächer. Es gab nicht mehr viel Hoffnung auf eine Vereinigung der beiden Zentren, Droite et Gauche, in der berühmten „Fusion", die ein Traum der Gemäßigten gewesen war.

Die neuen Kammern versammelten sich im November in Versailles. Das Kabinett Broglie war abgesetzt, aber ein neues Ministerium der Rechten stand dem neuen Parlament gegenüber. Ihr Leben war sehr kurz und stürmisch; sie waren eigentlich schon tot, bevor sie überhaupt zu existieren begannen, und im Dezember ließ der Marschall M. Dufaure kommen und beauftragte ihn, ein Ministère de Gauche zu bilden. Keiner seiner persönlichen Freunde, außer General Borel im Kriegsministerium, war in der neuen Zusammensetzung. W. wurde ins Außenministerium berufen. Ich war ziemlich enttäuscht, als er nach Hause kam und mir sagte, dass er dieses Ressort angenommen hatte. Ich fand, dass sein altes Ministerium, das öffentliche Unterrichtswesen, so gut zu ihm passte, die Arbeit interessierte ihn, war ganz nach seinem Geschmack. Er kannte die ganze literarische und pädagogische Welt, nicht nur in Frankreich, sondern überall sonst – England natürlich, wo er mit vielen seiner Kameraden aus Cambridge Kontakt gehalten hatte, und Deutschland, wo er auch literarische Verbindungen hatte. Doch diese weitreichende Bekanntschaft und seine perfekte Kenntnis der englischen Sprache und der englischen Leute halfen ihm sofort sehr, nicht nur am Quai d'Orsay, sondern in all den Jahren, die er als Botschafter in England war.

Das neue Ministerium mit Dufaure als Ratspräsident, Léon Say als Finanzminister, M. de Freycinet als Bauminister und W. als Außenminister wurde am 14. Dezember 1877 bekannt gegeben. Die Vorbereitungen waren langwierig und schwierig gewesen – der Marschall und seine Freunde auf der einen Seite – die Republikaner und Gambetta auf der anderen – die Gemäßigten versuchten, die Dinge unter Kontrolle zu halten. Persönlich bedauerte ich es ziemlich, dass W. zugestimmt hatte, Mitglied des Kabinetts zu werden; ich war nicht sehr begeistert vom offiziellen Leben und sah vieles Unangenehme voraus. Die Politik spielte im gesellschaftlichen Leben eine so große Rolle. Die ganze „Gesellschaft", das Faubourg St. Germain (das die alten Namen und Titel Frankreichs repräsentiert), war heftig gegen die Republik. In den ersten Jahren meiner Ehe in Frankreich war ich erstaunt, dass Leute von bestimmter Position und mit gewissem Ansehen Männern die kalte Schulter zeigten, die sie ihr ganzes Leben lang kannten, weil sie Republikaner waren, obwohl sie wussten, dass es sich bei ihnen um ehrenhafte, unabhängige Herren handelte, die nichts von der Republik wollten – sondern nur versuchten, ihr Bestes für das Land zu tun. Erst nach und nach wurde mir klar, dass die Leute sich manchmal ein wenig von mir fernhielten, da ich die Frau eines republikanischen Abgeordneten war. Es kümmerte mich nicht besonders, da ich nie in Frankreich gelebt hatte und nur sehr wenige Leute kannte, aber es machte die sozialen Beziehungen nicht sehr angenehm, und ich wäre zufriedener gewesen, wenn W. sich nicht aktiv beteiligt hätte. Dieses Gefühl war jedoch nur vorübergehend. Ich interessierte mich bald sehr für Politik (ich nehme an, es liegt mir im Blut – alle Männer in meiner Familie in Amerika waren Politiker) und für die Diskussion der verschiedenen Fragen, die Frankreich rasch in etwas ganz anderes verwandelten. Ob die Veränderung zum Besseren war, lässt sich selbst heute, nach mehr als 35 Jahren Republik, nur schwer sagen.

Freycinet war eine große Stärke. Er war absolut republikanisch, aber gemäßigt – sehr klug und energisch, ein großer Freund Gambettas – und ein wunderbarer Redner. Ich habe Männer sagen hören, die sich nicht besonders für ihn interessierten und die überhaupt nicht seiner Meinung waren, dass sie lieber nicht mit ihm diskutieren würden. Er konnte sie mit seinen wunderbaren, klaren und überzeugenden Argumenten sicher für seine Sache gewinnen.

[Abbildung: Palast des Außenministers, Paris.]

Die ersten Tage waren sehr arbeitsreich. W. musste alle seine Mitarbeiter (sehr viele) des Außenministeriums treffen und sein eigenes Kabinett organisieren. Er war den ganzen Tag bis spät abends am Quai d'Orsay unterwegs; er ging gegen zehn oder halb elf dorthin, frühstückte dort und kam zu einem sehr späten Abendessen zurück. Nach dem Abendessen arbeitete immer ein Direktor oder Sekretär mit ihm in unserem eigenen Haus. Ich ging drei- oder viermal hinüber, um das Ministerium zu inspizieren, da ich ahnte, dass wir schließlich dort wohnen würden. Das Haus ist groß und schön, mit einer schönen Treppe und großen, hohen Räumen. Die Möbel waren natürlich „ministeriell" – steif und schwer – Stühle und Sofas mit Goldlehnen standen in Reihen an den Wänden. Es gab einige gute Bilder, unter anderem den „Congrès de Paris", der einen prominenten Platz in einem der Salons einnimmt, und prächtige Wandteppiche. Das Schönste war ein schöner großer Garten auf der Rückseite, aber da die Wohnzimmer oben waren, nutzten wir ihn nicht sehr oft. Die unteren Räume, die auf die Gärten hinausgingen, wurden nur als Empfangszimmer genutzt. Das Kabinett des

Ministers befand sich ebenfalls unten und war durch eine kleine Treppe mit seinem Schlafzimmer direkt darüber verbunden. Die Vorderseite des Hauses blickt auf die Seine; wir hatten immer eine bezaubernde Aussicht aus den Fenstern, besonders nachts, wenn alle kleinen Dampfer (Mouches) mit ihren Lichtern vorbeifuhren. Ich musste natürlich Bekanntschaft mit dem gesamten diplomatischen Korps machen. Ich kannte alle Botschafter und die meisten Minister, aber es gab einige Vertreter der kleineren Mächte und der südamerikanischen Republiken, mit denen ich nie in Kontakt gekommen war. Wiederum stattete ich der Maréchale de MacMahon einen offiziellen Besuch ab, sobald das Ministerium bekannt gegeben wurde. Sie war vollkommen höflich und korrekt, aber man spürte sofort, dass sie nicht die geringste Sympathie für irgendetwas Republikanisches hatte, und wir lernten uns in all den Monaten, die wir zusammen verbrachten, nie besser kennen. Wir blieben mehrere Wochen in unserem eigenen Haus und beschlossen dann widerstrebend, uns im Ministerium niederzulassen. W. arbeitete nach dem Abendessen immer sehr lange und er hielt es für unmöglich, seine Direktoren, allesamt wichtige Männer eines gewissen Alters, zu bitten, um zehn Uhr ins Quartier de l'Etoile zu kommen und sie bis Mitternacht zu beschäftigen. W.s neuer Kabinettschef, Comte de Pontécoulant, war sehr darauf bedacht, dass wir umziehen, und dachte, alles würde einfacher, wenn W. dort wohnen würde. Ich hatte Pontécoulant nie gekannt, bis W. ihn zu seinem Kabinettschef erwählte. Er war ein Diplomat mit einigen Dienstjahren hinter sich und war mit der gesamten Routine und den Gewohnheiten des Außenministeriums bestens vertraut. Er stattete mir kurz nach Annahme der Stelle einen kurzen formellen Besuch ab; wir tauschten ein paar Bemerkungen über die Situation aus, ich hoffte, wir würden uns gut verstehen, und hatte keinen besonderen Eindruck von ihm, außer dass er sehr französisch und steif war; ich nahm an, dass ich nicht viel von ihm sehen würde. Es erscheint mir jetzt merkwürdig, auf dieses erste Gespräch zurückzublicken. Wir alle mochten ihn so gern, er war ein loyaler, treuer Freund, war immer bereit, mir bei kleinen Schwierigkeiten zu helfen, und ich ging mit allem zu ihm – Besuchen, Dienern, Pferden usw. W. hatte keine Zeit für irgendwelche Einzelheiten oder Annehmlichkeiten des Lebens. Wir zogen kurz vor Neujahr um. Da der Gros Mobilier bereits da war, nahmen wir nur persönliche Dinge mit, einen Flügel, Paravents, Tische, Sessel und kleine Ziergegenstände und Nippes. All dies wurde eines Morgens früh in einem Lieferwagen abgeschickt, und nach dem Mittagessen fuhr ich hinüber, nachdem ich mich mit Pontécoulant und M. Kruft, dem Chef du matériel, verabredet hatte, einem ausgezeichneten, intelligenten Mann, der mir in den zwei Jahren, die ich im Ministerium lebte, äußerst nützlich und ergeben war. Ich war sehr deprimiert, als wir in den Hof fuhren. Ich hatte noch nie auf dieser Seite des Flusses gelebt und fühlte mich von all meinen Besitztümern abgeschnitten – die Brücke war ein Schrecken, so kalt im Winter, so heiß im

Sommer – ich gewöhnte mich nie daran, überquerte sie nie zu Fuß. Der Anblick der großen leeren Räume beruhigte mich nicht. Die Empfangsräume waren natürlich sehr schön. Es standen sehr viele Bedienstete, Diener und Lakaien herum, und im großen Salon warteten Leute darauf, mit W. zu sprechen. Die Wohnzimmer oben waren gespenstisch – sahen kahl und äußerst ungemütlich aus. Sie waren groß und hoch und blickten auf den Garten hinunter, obwohl das an einem trüben Dezembertag nicht sehr heiter war – aber es gab Möglichkeiten. Kruft war sehr mitfühlend, verstand ganz gut, wie ich mich fühlte, und war bereit, alles zu tun, was ich in Bezug auf Öfen, Bäder, Schränke in der Unterwäsche, neue Teppiche und Vorhänge wollte. Auch Pontécoulant war überaus praktisch, und es amüsierte mich ziemlich, als ich mich mit einer völlig Fremden, die ich erst zweimal in meinem Leben gesehen hatte, über Dessous und Badezimmer unterhielt. Ich brauchte ungefähr eine Woche, um mich wirklich einzuleben. Ich ging jeden Tag rüber und kehrte zum Essen und Schlafen in mein eigenes Haus zurück. Kruft wirkte Wunder; die Wohnung war ganz verwandelt, als ich schließlich umzog. Die Zimmer sahen sehr hell und gemütlich aus, als wir am Nachmittag des 31. Dezember (Silvester) ankamen. Der kleine Salon am Ende des Zimmers, den ich zu meinem Boudoir machte, war mit blauem Satin behangen; mein Klavier, Paravents und kleine Dinge waren sehr gut platziert – viele Palmen und Blumen, überall helle Kamine – die Schlafzimmer, das Kinderzimmer und die Dessous waren sauber und hell. Mein Schlafzimmer ging auf einen großen Salon hinaus, wo ich normalerweise Gäste empfing, während ich mein Boudoir für uns und unsere engen Freunde behielt. Mein spezieller Hausmeister, Gérard, der den ganzen Tag vor der Salontür saß, wurde mir vorgestellt und wurde sofort zu einem äußerst nützlichen und wichtigen Mitglied des Haushalts – er vergaß nie einen Namen oder ein Gesicht, erinnerte sich, welche Karten und Notizen ich erhalten hatte, ob die Notizen beantwortet oder die Rechnungen bezahlt wurden, kannte fast meine gesamte Garderobe und brachte mir einen Mantel oder einen Umhang herunter, wenn ich plötzlich unten einen brauchte. Ich hatte häufige Beratungen mit Pontécoulant und Kruft, um alle Einzelheiten der verschiedenen Dienste zu regeln, bevor wir uns ganz eingerichtet hatten. Wir übernahmen alle unsere eigenen Diener und fanden viele andere, die zum ständigen Personal des Ministeriums gehörten, Lakaien, Hausmeister und Hilfsarbeiter, die sich um alle Feuer kümmerten, alle Türen, Fenster und Fensterläden öffneten und schlossen. Es war ziemlich schwierig, den regulären Arbeitsdienst zu organisieren, es gab eine solche Rivalität zwischen unseren eigenen persönlichen Dienern und den Männern, die zum Haus gehörten, aber nach kurzer Zeit lief alles ziemlich reibungslos. W. speiste in der ersten Nacht, die wir am Quai d'Orsay verbrachten, auswärts, und etwa eine Stunde nach unserer Ankunft, als ich noch immer in Hut und Mantel herumlief und mich in den großen, hohen Räumen sehr merkwürdig fühlte,

wurde mir gesagt, dass der Lampiste auf meine Befehle wartete (in einigen
Räumen waren einige Lampen angezündet). Ich wusste nicht genau, welche
Befehle ich geben sollte, hatte noch nicht die erforderliche Anzahl auswendig
gelernt; aber ich ließ ihn rufen und sagte, ich sollte allein zum Abendessen
sein, vielleicht würden ein oder zwei Lampen im Speisezimmer und im
kleinen Salon genügen. Er dachte offenbar, das sei überhaupt nicht
ausreichend, wollte etwas Präziseres, also sagte ich, er solle anzünden, wie er
es gewohnt war, wenn der Duc Décazes und seine Familie allein speisten
(was sie, glaube ich, nie taten, und wir auch nicht, als wir uns einmal das
Leben nahmen). Als ich zum Abendessen ging, sah ich ein solches Licht, dass
ich ganz verwirrt war – Boudoir, Billardzimmer, Esszimmer (sehr groß, der
kleine runde Tisch für eine Person kaum wahrnehmbar) und Korridore
waren alle „à giorno" beleuchtet. Es sah jedoch sehr fröhlich aus und
bewahrte mich davor, allzu schreckliches Heimweh nach meinem eigenen
Haus und meiner vertrauten Umgebung zu verspüren. Die Zimmer waren so
hoch, dass wir den Straßenlärm nicht hörten, aber der Fluss sah mit den
Lichtern auf den Brücken und ein paar Booten, die noch fuhren, lebendig
und freundlich aus.

Wir hatten am Quai d'Orsay viel mehr Gäste zu empfangen und zu
unterhalten als in jedem anderen Ministerium und waren gezwungen, selbst
viel häufiger auszugehen. Die Saison in der offiziellen Welt beginnt mit einem
Empfang beim Präsidenten am Neujahrstag. Das diplomatische Korps und
die Präsidenten des Senats und der Kammer begeben sich in Staatskleidung
in den Elysée, um dem Staatsoberhaupt ihre Aufwartung zu machen - die
Botschafter mit ihrem gesamten Stab in Uniform in Galakutschen. Es ist ein
hübscher Anblick, und im Faubourg St. Honoré warten immer ziemlich viele
Leute, um die Kutschen zu sehen. Die englische Kutsche ist immer die beste;
sie kennen sich mit allen Einzelheiten des Geschirrs und der Livree so viel
besser aus als jeder andere. Der Marschall und seine Familie waren im Elysée
untergebracht. Es war ihm nicht möglich, in Versailles zu bleiben - er konnte
nicht so weit von Paris entfernt sein, wo jeden Tag alle möglichen Fragen
aufkamen, und er war gezwungen, Abordnungen und Berichte zu empfangen
und Leute aller Art zu treffen. Sie beschäftigten sich bereits mit der Frage,
ob das Parlament nach Paris zurückkehren sollte. Die Abgeordneten
beklagten sich im Allgemeinen über den Zeitverlust und die
Unannehmlichkeiten der täglichen Fahrt, selbst im Parlamentszug. Die
Rechte war im Allgemeinen sehr dagegen, die Kammern wieder in Paris zu
haben. Ich konnte nie verstehen, warum. Ich nehme an, sie hatten Angst,
dass eine stürmische Sitzung zu Unruhen führen könnte. In den Straßen einer
Großstadt gibt es immer eine herumschwirrende Bevölkerung, die bereit ist,
jede Sache gewaltsam zu unterstützen. In Versailles war man von einer
solchen Gefahr fern, und außer in der unmittelbaren Umgebung des Palastes
war niemand auf den langen, verlassenen Straßen. Sie zitierten oft die

Vereinigten Staaten, wo kein Staatsmann nach der Unterzeichnung der Unabhängigkeitserklärung (in Philadelphia) es gewagt hätte, vorzuschlagen, dass das Parlament in New York oder Philadelphia tagen sollte, aber der Grund war dort ein ganz anderer; sie waren gezwungen, eine neutrale Zone zu schaffen, etwas zwischen dem Norden und dem Süden. Der District of Columbia ist etwas Besonderes, das keiner Seite angehört. In Amerika hat es sich sicherlich sehr gut bewährt. Washington ist eine schöne Stadt mit seinen prächtigen alten Bäumen und breiten Alleen. Sie hat ein ganz eigenes Gütesiegel und ist anders als jede andere Stadt, die ich auf der Welt kenne.

Der Marschall empfing jeden Donnerstagabend im Elysée – er und sein Stab in Uniform, ebenso alle Offiziere, die kamen, was eine glänzende Versammlung ergab. Ihre großen Abendessen und Empfänge waren immer außerordentlich gut. Außer einigen ihrer persönlichen Freunde waren nicht viele Leute aus der Gesellschaft anwesend – das diplomatische Korps war normalerweise sehr gut vertreten, die Regierung und ihre Frauen und eine gewisse Anzahl liberaler Abgeordneter – sehr viele Offiziere. Wir empfingen alle fünfzehn Tage, beginnend mit einem großen Abendessen. Es war ein öffentlicher Empfang, der in den Zeitungen angekündigt wurde. Die Diplomaten waren immer sehr stark vertreten, ebenso das Parlament – nicht viele Frauen. Viele der Abgeordneten blieben auf dem Land und bezogen nur Zimmer, während die Kammern tagten, und ihre Frauen erschienen nie in Paris. Auch die „Gesellschaft" kam nicht oft zu uns, außer zu bestimmten Anlässen, wenn wir einen königlichen Prinzen oder einige sehr angesehene Ausländer zu Besuch hatten. Außer den großen offiziellen Empfängen hatten wir während der Woche oft kleine Abendessen oben. An einige davon erinnere ich mich mit großer Freude zurück. Normalerweise war ich die einzige Dame mit acht oder zehn Männern, und die Gespräche waren oft brillant. Einige unserer Stammgäste waren der verstorbene Lord Houghton, ein wunderbarer Redner; Lord Dufferin, der damalige Botschafter in St. Petersburg; Sir Henry Layard, britischer Botschafter in Spanien, ein interessanter Mann, der überall gewesen war und jeden Menschen der Welt gesehen und gekannt hatte, der es wert war, ihn kennenzulernen; Graf Schouvaloff, russischer Botschafter in London, ein kultivierter Höfling, äußerst intelligent; er und W. waren später Kollegen beim Congrès de Berlin, und W. hat mir oft erzählt, wie brillant er seine Sache verteidigte; General Ignatieff, Fürst Orloff, der Nuntius Monsignore Czascki, recht charmant, der Typ des Prälaten Mondain, sehr großspurig (wenn auch sehr katholisch) in seinen Ideen, aber nie aggressiv oder feindselig gegenüber der Republik, wie so viele Geistliche. Er war sehr musikbegeistert und ging manchmal sonntags mit mir ins Konservatorium; er bewunderte sehr, wie sie dort klassische Musik spielten; Er lehnte sich in einer Ecke in seinem Stuhl zurück (saß nie vor der Kiste) und nahm jedes Geräusch in sich auf.

In meinem kleinen blauen Salon spielten wir manchmal zwanglose Musik. Baron de Zuylen, der niederländische Minister, war ein ausgezeichneter Musiker, ebenso Comte de Beust, der österreichische Botschafter. Er war Komponist. Ich erinnere mich, wie er mir eines Tages einen Hochzeitsmarsch vorspielte, den er für die Hochzeit eines der Erzherzoge komponiert hatte. Er war sehr anschaulich, mit Glocken, Kanonen, Hurras und einem Hochzeitslied – das auf einem Klavier ziemlich schwer zu spielen ist –, aber in der Komposition steckte eine gewisse Vorstellungskraft. Die beiden begleiteten mich oft zum Konservatorium. Comte de Beust brachte mir eines Tages Liszt mit. Ich wollte diesen komplexen Charakter unbedingt sehen, der aus Begeisterung für alle möglichen Dinge bestand, patriotisch, religiös, musikalisch. Er trug die gewöhnliche schwarze Priestertracht, sah aus wie ein Asket mit einem blassen, schmalen Gesicht, das sehr aufleuchtete, wenn er über ein Thema sprach, das ihn interessierte. Er verlor kein Wort über Musik, weder damals noch später, als ich mit ihm im Haus eines guten Freundes und Bewunderers, der ein wunderbarer Musiker war, zu Mittag aß. Ich hoffte, er würde nach dem Mittagessen spielen. Er war ein sehr alter Mann und spielte damals selten, aber man hätte ihn gern gehört. Madame M. dachte, er würde vielleicht für sie spielen, wenn die Gesellschaft nicht zu groß und die Gäste ihm „zugetan" wären. Ich habe so viele Künstler sagen hören, es mache für sie einen großen Unterschied, wenn sie das Gefühl hätten, das Publikum sei auf ihrer Seite – wenn es in der Menschenmasse ein unsympathisches oder kritisches Gesicht gab, war es das einzige Gesicht, das sie erkennen konnten, und es berührte sie sehr. Das Klavier stand auf ansprechende Weise offen und überall lagen Noten, aber er sah sie anscheinend nicht. Er sprach mit einigen anwesenden Künstlern über Politik und viel über Bilder.

[Abbildung: Franz Liszt.]

Viele Jahre später hörte ich ihn tatsächlich in London spielen. Wir aßen wieder zusammen zu Mittag, im Haus einer gemeinsamen Freundin, die überhaupt nicht musikalisch war. Es gab nicht einmal ein Klavier im Haus, aber sie hatte für diesen Anlass eines herbeischaffen lassen. Als ich am Tag der Party ziemlich früh ankam, fand ich die Hausherrin mit Hilfe von Graf Hatzfeldt, dem damaligen deutschen Botschafter in England, eifrig damit beschäftigt, ihr Wohnzimmer umzugestalten. Der Flügel, der offen und mit Noten (wahrscheinlich einige von Liszt – aber ich hatte keine Zeit, ihn mir anzusehen) weit draußen in der Mitte des Raumes gestanden hatte, wurde in eine Ecke zurückgeschoben, alle Noten wurden versteckt und das Instrument mit Fotografien, Blumenvasen, Statuetten, schweren Büchern und all den Dingen, die man normalerweise nicht auf ein Klavier stellt, bedeckt. Ich war ganz verwirrt, aber Hatzfeldt, die eine gute Freundin von Liszt war und all seine Eigenheiten kannte, hatte auf Madame A.s Frage, was sie tun könne, um Liszt zum Spielen zu bewegen, geantwortet: „Stellen Sie zunächst das Klavier in die hinterste, dunkelste Ecke des Zimmers und legen Sie alle möglichen schweren Gegenstände darauf. Dann wird er nicht denken, Sie hätten ihn in der Hoffnung gefragt, ihn spielen zu hören, und vielleicht können wir ihn überreden." Die Vorbereitungen waren gerade abgeschlossen, als der Rest der Gesellschaft eintraf. Wir waren keine große Gesellschaft, und die Unterhaltung war recht angenehm. Liszt sah viel älter aus, so farblos, seine Haut wie Elfenbein, aber er schien genauso lebhaft und an allem interessiert. Nach dem Mittagessen, als sie rauchten (wir alle zusammen, niemand ging ins Raucherzimmer), begannen er und Hatzfeldt über das Kaiserreich und die schönen Feste in Compiègne zu sprechen, zu denen jeder eingeladen war, der in jedem Bereich der Kunst oder Literatur von Bedeutung war. Hatzfeldt lenkte das Gespräch auf einige Abende, an denen Strauss seine Walzer mit einer Entrain-Einlage spielte, ein Gefühl, das niemand sonst je erreicht hat, und auf Offenbach und seine Melodien – besonders auf einen Abend, als er ein Lied für die Kaiserin improvisiert hatte – er konnte sich nicht mehr genau daran erinnern. Wenn es ein Klavier gab – er sah sich um. Offenbar war keines da. „Oh ja, in einer Ecke, aber so viele Sachen darauf, es sollte offensichtlich nie geöffnet werden." Er ging darauf zu, Liszt folgte ihm und fragte Comtesse A., ob es geöffnet werden könne. Die Sachen wurden schnell weggeräumt. Hatzfeldt setzte sich und spielte ein paar Takte in ziemlich stockender Art und Weise. Nach einem Moment sagte Liszt: „Nein, nein, das ist es nicht ganz." Hatzfeldt stand auf. Liszt setzte sich ans Klavier, spielte zwei oder drei Stücke von Liedern oder Walzern, ließ dann, immer mit Hatzfeldt sprechend, seine Finger über die Tasten wandern und begann nach und nach eine Nocturne und einen wilden ungarischen Marsch. Es war sehr merkwürdig; seine Finger sahen aus, als wären sie aus gelbem Elfenbein, so dünn und lang, und natürlich war in seinem Spiel weder Kraft noch Kunstfertigkeit zu spüren – es war die Berührung eines alten Mannes, aber eines Meisters – ganz anders als alles, was ich je gehört hatte. Als er aufstand, sagte er: „Oh, nun, ich dachte, die alten Finger hätten keine Musik mehr in sich." Wir versuchten, ihm zu danken, aber er wollte uns nicht zuhören und sprach sofort über etwas anderes. Als er gegangen war, machten wir dem Botschafter ein Kompliment für die Art und Weise, wie er die Sache gemeistert hatte. Hatzfeldt war ein charmanter Kollege, sehr klug, sehr musikalisch, ein Mann von Welt. Ich war immer erfreut, wenn er beim Abendessen neben mir saß – ich war mir einer angenehmen Stunde sicher. Er war viele Jahre in Paris während der glänzenden Tage des Kaiserreichs gewesen und kannte dort jeden, den man kennen sollte. Trotz seines langen Aufenthalts in Paris hatte er den Ruf, sehr antifranzösisch zu sein. Das konnte ich kaum beurteilen, da er nie mit mir über Politik sprach. Das mag sehr wahrscheinlich wahr gewesen sein, aber bei ihm war es nicht ausgeprägter als bei den meisten Angelsachsen und Nordvölkern, die eher auf die Lateinamerikaner herabsehen und ihnen kaum Anerkennung für ihren großartigen Elan und ihre Tapferkeit zollen – ganz zu schweigen von ihrem Verstand. Ich habe in sehr vielen Ländern gelebt und bin immer der Meinung, dass die Franzosen als Volk – ich meine die ungebildete Masse – die intelligenteste Nation der Welt sind. Ich bin nie mit den Japanern in einen Topf geworfen worden – mir wurde gesagt, sie seien außerordentlich intelligent.

Eines Abends luden wir Mr. Gladstone, seine Frau und eine Tochter zum Abendessen ein. Mr. Gladstone gab sich ganz charmant, sprach ziemlich gut Französisch und wusste über jedes besprochene Thema mehr als jeder andere im Raum. Er war zweifellos ein wunderbarer Mann, mit einer so außergewöhnlichen Vielseitigkeit und einem so großen Gedächtnis. Es war ziemlich nett, Mrs. Gladstone zuzusehen, wenn ihr Mann sprach. Sie war ganz in ihn vertieft und konnte sich nicht mit ihren Nachbarn unterhalten. Sie wollten unbedingt in die Conciergerie gehen, um das Gefängnis zu sehen, in dem die unglückliche Marie Antoinette die letzten Tage ihres unglücklichen Lebens verbrachte, und Mr. Gladstone, inspiriert von dem Thema, veranstaltete mit uns eine Art Konferenz über die Französische Revolution und die Ursachen, die dazu führten und die im Terror und der Hinrichtung des Königs und der Königin gipfelten. Er sprach Englisch (wir waren eine kleine Gruppe, die an der Tür stand – sie gingen gerade), in einer wunderschönen akademischen Sprache, und es war höchst interessant, anschaulich und präzise. Sogar W., der ihn gut kannte und ihn ungemein bewunderte, war von seiner brillanten Improvisation beeindruckt.

[Abbildung: William E. Gladstone. Nach einer Fotografie von Samuel A. Walker, London.]

Unsere englischen und amerikanischen Freunde baten uns oft um Erlaubnis, alle historisch interessanten Orte in Paris zu besichtigen, und die beiden Orte, die alle sehen wollten, waren die Conciergerie und Napoleons Grab im Invalidendom. Als wir 1866 zum ersten Mal nach Paris kamen, kurz nach dem Ende des langen Konflikts zwischen Nord- und Südamerika, galten unsere ersten Besuche ebenfalls der Conciergerie, dem Invalidendom und Notre Dame, wo mein Vater nicht mehr gewesen war, seit er als sehr junger Mann mit ganz Paris hingefahren war, um die Flaggen zu sehen, die aus Austerlitz mitgebracht worden waren. Es waren interessante Tage, diese ersten in Paris, so voller Erinnerungen für Vater, der in seiner Jugend oft dort gewesen war, zuerst als élève an der Ecole Polytechnique, später, als die Alliierten in Paris waren. Eines Tages nahm er uns mit in den Jardin du Luxembourg, um zu sehen, ob er irgendeine Spur der Stelle finden konnte, an der 1815 während der Restauration Marschall Ney erschossen worden war. Er befand sich zu dieser Zeit in Paris und war einige Stunden nach der Hinrichtung im Garten – er erinnerte sich noch gut an die Mauer, an der der

Marschall stand – und an die Kommentare der Menge, die für die Regierung nicht sehr schmeichelhaft waren, einen der tapfersten und brillantesten Soldaten Frankreichs hinzurichten.

Alle Amerikaner, die uns am Quai d'Orsay besuchten, interessierten sich sehr für alles, was mit General Marquis de Lafayette zu tun hatte, der in Amerika eine unvergängliche Erinnerung hinterlassen hatte, und es wurden viele Pilgerfahrten zum Château de la Grange unternommen, wo der Marquis de Lafayette die letzten Jahre seines Lebens verbrachte und all seinen Freunden eine großzügige und liebenswürdige Gastfreundschaft entgegenbrachte. Es ist ein interessanter alter Ort, der von einem Graben umgeben ist und hohe, solide Steinmauern hat, in denen man noch immer das Loch sieht, das von einer Kanonenkugel in die Mauer geschlagen wurde, die Maréchal de Turenne auf der Durchreise mit seinen Truppen als freundliches Andenken an den Besitzer abfeuerte, mit dem er nicht gut auskam. So viele Amerikaner und auch Engländer sind von der Vorstellung durchdrungen, dass es in Frankreich keine Schlösser und kein Landleben gibt, dass ich erfreut bin, wenn sie sehen, dass es genauso viele davon gibt wie in jedem anderen Land. Ein sehr kluger amerikanischer Schriftsteller, dessen Bücher viel gelesen und bewundert wurden, sagt, dass er auf seinen Reisen durch Frankreich nie Anzeichen von Reichtum oder Eigentum von Herren gesehen habe. Ich glaube, er wollte nichts Französisches bewundern, aber ich frage mich, in welchen Teil Frankreichs er gereist ist. Neben den bekannten historischen Schlössern von Chaumont, Chenonceaux, Azay-le-Rideau, Maintenon, Dampierre, Josselin, Valençay und Dutzenden anderen gibt es zahlreiche kleine Schlösser und Herrenhäuser im Stil Ludwigs XV., die halb versteckt in einer Ecke eines Waldes liegen und die der Fremde nie zu Gesicht bekommt. Sie sind recht reizvoll, aus rotem Backstein mit weißen Mauerkronen gebaut, mit steifen, altmodischen Gärten und Bäumen, die in alle möglichen phantastischen Formen geschnitten sind. Manchmal grenzt die Pfarrkirche auf einer Seite an das Schloss, und es gibt einen privaten Eingang für die Herren. Die Inneneinrichtung einiger der alten Schlösser lässt in Bezug auf Komfort und moderne Verbesserungen zu wünschen übrig – die Beleuchtung ist sehr schlecht, es gibt weder Gas noch Elektrizität, und ich glaube, es gibt nirgendwo Bäder, kaum eine Wanne. An den Ufern der Seine und der Loire, in der Nähe der großen Wälder, in allen Departements in der Nähe von Paris gibt es viele Schlösser – einige direkt am Rand der Hauptstraße, von ihr durch hohe Eisentore getrennt, durch die man lange, gewundene Gassen mit Steinbänken und Vasen mit roten Geranien darin, einer Sonnenuhr und steifen, formalen Baumreihen sieht – einige weniger anspruchsvoll, mit nur einem gewöhnlichen Holztor, das im Allgemeinen offen ist, und immer Blumen der einfachsten Art, Geranien, Sonnenblumen, Nelken, Dahlien und Chrysanthemen – was wir einen Jardin de Curé (Pfarrergarten) nennen – aber in großer Fülle. Mit sehr seltenen Ausnahmen sind die Rasenflächen nicht gut gepflegt – man sieht in diesem Land nie den glatten grünen Rasen, den man in England sieht.

Einige der alten Schlösser sind sehr stattlich – manchmal betritt man sie durch einen großen Innenhof, der von niedrigen, mit Efeu bewachsenen Arkaden umgeben ist, mitten im Hof ein Brunnen und ein großes Becken und über der Tür eine große Uhr – manchmal stehen sie in einem Graben, man geht über eine Zugbrücke mit massiven Türen, die mit Eisennägeln und starken Eisenbolzen und Ketten beschlagen sind, die den Eingang schützen und einen an die alten Feudalzeiten denken lassen, als Macht Recht war und jemand, der das Eigentum seines Nachbarn wollte, es sich einfach nahm. Sogar einige der kleineren Schlösser haben Gräben. Ich finde, sie sind eher malerisch als komfortabel – ein mit Efeu bewachsenes Haus mit einem Graben darum ist ein Nest für Mücken und Insekten aller Art, und ich stelle mir vor, dass die Feuchtigkeit vom Wasser schließlich in das Haus eindringt. Franzosen aller Klassen lieben das Land und einen Garten mit bunten Blumen, und wenn die ärmeren einen Kaninchenstall mit den Blumen kombinieren können, sind sie ganz glücklich.

Ich habe W. manchmal von einem schönen alten Schloss in unserem Departement (Aisne) sprechen hören, das einem Abgeordneten gehörte, der seine Freunde zum Schießen und Frühstück einlud. Die Küche und das Schießen waren ausgezeichnet, aber die Unterkünfte fantastisch. Die Nachbarn sagten, seit das Schloss unter Napoleon I. von den Kosaken besetzt wurde, sei nichts erneuert oder gereinigt worden.

Während dieser Jahre im Außenministerium hatten wir sehr wenig Landleben. Zweimal im Jahr, im April und im August, ging W. nach Laon zu seinem Conseil-Général, dem er vorstand, aber er konnte selten die ganze Sitzung über bleiben. Er war immer am Eröffnungstag und beim Abendessen des Präfekten anwesend und nutzte diese Gelegenheit, um eine kurze Rede zu halten und die Außenpolitik der Regierung zu erläutern. Ich glaube nicht, dass seine Kollegen sich dafür so sehr interessierten wie für all die lokalen Fragen – Straßen, Schulen usw. Es ist erstaunlich, wie viel Zeit verschwendet wird und wie viel Briefeschreiben durch die einfachste Änderung einer Straße oder eines Bahnübergangs in Frankreich notwendig ist. Wir hatten eine ziemlich kurze, enge Kurve, um in unser Tor in Bourneville zu gelangen, und W. wollte die Straße ein wenig verbreitern lassen, um den spitzen Winkel zu vermeiden. Es störte niemanden, da wir mehrere Meter von der Hauptstraße entfernt waren, aber es dauerte Monate, mehr als ein Jahr, bis die Sache erledigt war. Jeder Arbeiter auf der Farm hätte es in einem Arbeitstag geschafft.

Bei einem unserer kleinen Abendessen bekam ich eine so charakteristische Antwort von einem englischen Diplomaten, der Botschafter in St. Petersburg gewesen war. Er war wirklich ein charmanter Redner, wollte aber kein Französisch sprechen. Das war ohne Bedeutung, solange er nur mit mir sprach, aber natürlich wollten alle Leute am Tisch mit ihm sprechen, und als die allgemeine Unterhaltung schließlich ins Stocken geriet, sagte ich zu ihm: „Ich wünschte, Sie würden Französisch sprechen; keiner dieser Herren spricht eine andere Sprache." (Es stimmte ganz richtig, die Männer im Alter meines Mannes sprachen sehr selten eine andere Sprache als ihre eigene; jetzt spricht fast die gesamte jüngere Generation Deutsch oder Englisch oder beides. Fast alle Freunde meines Sohnes sprechen perfekt Englisch.) „Oh nein, das kann ich nicht", sagte er; „ich habe nicht genug die Angewohnheit, Französisch zu sprechen. Ich sage nicht die Dinge, die ich sagen möchte, sondern nur die Dinge, die ich sagen kann, was etwas ganz anderes ist." „Aber was haben Sie in Russland gemacht?" „Alle Frauen sprechen Englisch." „Aber für Angelegenheiten, diplomatische Verhandlungen?" „Alle Frauen sprechen Englisch." Ich habe oft gehört, dass die russischen Frauen viel klüger seien als die Männer. Er hatte offenbar festgestellt, dass das stimmte.

VI

DAS AUSSTELLUNGSJAHR

Die großen politischen Abendessen waren immer interessant. Einmal hatten wir am 2. Dezember ein Bankett. Mein linker Nachbar, ein Senator, sagte beiläufig zu mir: „Dieser Raum sieht ganz anders aus als das letzte Mal, als ich darin war." „Tatsächlich? Ich hätte gedacht, dass ein großes offizielles Abendessen im Außenministerium unter jedem Regime genau so ausgesehen hätte." „Ein Abendessen vielleicht, aber bei dieser Gelegenheit war es nicht wirklich ein Abendessen. Ich und einige meiner Freunde waren gerade verhaftet worden und warteten hier in diesem Raum unter strenger Bewachung, bis entschieden war, was mit uns geschehen sollte." Dann fiel mir ein, dass es der 2. Dezember war, der Jahrestag des Staatsstreichs von Louis Napoleon. Er sagte, sie seien trotz Warnungen völlig unvorbereitet gewesen. Er wurde für kurze Zeit außer Landes geschickt, aber ich glaube nicht, dass seine Verbannung sehr schlimm war.

Meine erste Lektion in diplomatischer Höflichkeit erhielt ich von Lord Lyons, dem damaligen britischen Botschafter in Paris. Er war während des Deutsch-Französischen Krieges in Paris, kannte jeden und hatte eine hervorragende Stellung. Er gab sehr schöne Abendessen, mochte es, wenn seine Gäste pünktlich waren, war selbst sehr pünktlich und traf immer pünktlich um acht ein, wenn er mit uns speiste. Eines Abends hatten wir eine annamitische Delegation zu Gast und hatten fast alle Botschafter und Minister eingeladen, um sie kennenzulernen. Es hatte eine stürmische Sitzung im Saal gegeben und W. war zu spät. Sobald ich fertig war, ging ich in seine Bibliothek und wartete auf ihn; ich konnte nicht ohne ihn hinuntergehen und eine ausländische Delegation empfangen. Wir kamen ganze sieben oder acht Minuten zu spät und fanden die ganze Gesellschaft versammelt vor (außer den Annamiten, die mit ihrem Dolmetscher in einem anderen Raum warteten, um ihren Auftritt in angemessenem Stil zu machen). Als ich Lord Lyons (dem Doyen des diplomatischen Korps) die Hand schüttelte, sagte er zu mir: „Ah, Madame Waddington, ich sehe, die Republik wird sehr königlich; Sie empfangen Ihre Gäste nicht mehr, sondern kommen nur in den Saal, wenn die ganze Gesellschaft versammelt ist." Er sagte das ganz lächelnd, aber ich verstand es sehr gut, und natürlich hätten wir da sein sollen, als die ersten Gäste eintrafen. Er war trotzdem sehr liebenswürdig und sagte mir viele nützliche Dinge – zum Beispiel, dass ich nie einen Kardinal und einen Botschafter zusammen einladen dürfe, da keiner von beiden den Vorrang einräumen würde und ich mich in einer sehr unangenehmen Lage befände.

[Abbildung: Lord Lyons.]

Die Annamiten waren ein schrecklicher Anblick. In ihrem Land schwärzen alle Männer von gewissem Rang ihre Zähne, und ich nehme an, die Farbe lässt ihre Zähne ausfallen, da sie anscheinend keine hatten, und wenn sie den Mund öffneten, waren die schwarzen Höhlen, die man sah, furchterregend. Ich war gewarnt worden, aber trotzdem machte es einen höchst unangenehmen Eindruck auf mich. Sie waren sehr reich gekleidet, insbesondere die ersten drei, die in Annam très grands seigneurs waren – reich bestickte Seidenroben, Federn und Juwelen, und wenn sie den Mund nicht öffneten, waren sie eher eine dekorative Gruppe –, sie waren große, kräftig gebaute Männer. Sie konnten weder Französisch noch Englisch – sie sprachen durch den Dolmetscher. Mein Umgang mit ihnen war sehr begrenzt. Beim Abendessen waren sie nicht in meiner Nähe, aber danach versuchte ich, ein wenig mit ihnen zu reden. Sie standen alle in einer Gruppe an einem Ende des Raumes, flankiert von einem Dolmetscher – die drei Haupthäuptlinge weit vorne. Ich weiß nicht, was der Dolmetscher ihnen von mir erzählte; wahrscheinlich hat er meine sehr banalen Bemerkungen mit rhetorischen Blumen ausgeschmückt, aber sie lächelten viel, rissen ihre schwarzen Münder weit auf und verneigten sich sehr tief vor mir – offensichtlich schätzten sie meine Absicht und meine Bemühungen, freundlich zu sein.

Sie brachten uns Geschenke, Teppiche, geschnitzte und mit Intarsien verzierte Perlmuttdosen, Schränke und einige merkwürdige Sättel, außerdem goldbestickte Kissen und Pantoffeln. Einige arabische Pferde wurden mit großem Pomp aus den Ställen des Sultans angekündigt. Ich war ziemlich interessiert an ihnen und dachte, es wäre amüsant, morgens ein langschwänziges arabisches Pony in einem kleinen Wagen zu fahren. Sie wurden eines Morgens zum Quai d'Orsay gebracht, und W. traf sich im Hof mit dem Comte de Pontécoulant und einigen der Jäger des Kabinetts. Es waren auch mehrere Stallburschen da, alle sehr interessiert an der Idee, die feurigen Rosse der Wüste zu zähmen. Der erste Anblick war enttäuschend. Es waren dünne, dürre Tiere, anscheinend nur Beine und Mähnen. Sie hatten lange Schwänze und kleine Köpfe, aber so zahm und träge in ihren Bewegungen konnte man sich kaum vorstellen. Man konnte sie kaum dazu bringen, im Hof herumzugaloppieren. Wir waren alle ziemlich angewidert, denn manchmal sieht man in Paris hübsche kleine Araberpferde. Ich weiß nicht, was aus ihnen geworden ist; ich glaube, sie wurden in die Kavallerieställe geschickt.

Unsere erste große Veranstaltung in diesem Winter war der Gottesdienst in der Madeleine für den König von Italien, Viktor Emanuel, der Anfang Januar 1878 plötzlich verstarb. Frankreich schickte eine Sonderdelegation zur Beerdigung – den alten Marschall Canrobert, der den Sohn des Marschalls, Fabrice de MacMahon, mitnahm. Die Madeleine-Kirche war voller

Menschen aller Art – das diplomatische Korps in Uniform, eine sehr große Anzahl von Senatoren und Abgeordneten. Einige der Linken – die glühende Sympathisanten des jungen Italiens waren – zögerten ein wenig, wollten sich aber nicht durch die Teilnahme an einer religiösen Zeremonie kompromittieren. In der Regel gingen sie jedoch. Einige der Damen der Rechten waren ziemlich verärgert, in tiefer Trauer zum Gottesdienst gehen zu müssen. Ich sagte zu einer von ihnen: „Aber Sie haben nicht recht; Sie haben zwar ein schwarzes Kleid, aber ich glaube nicht, dass perlgraue Handschuhe für einen solchen Anlass angemessen sind." „Oh, sie drücken die Trauer, die ich bei diesem Anlass empfinde, völlig ausreichend aus."

Es war merkwürdig, dass der König vor dem alten Papst ging, dessen Zustand seit einiger Zeit nachließ. Jeden Tag erwarteten wir, von seinem Tod zu hören. Es gab viele Spekulationen über den neuen König von Italien, den Prinzen Humbert unserer Tage. Da wir so viele Jahre in Rom gelebt hatten, wurde ich oft gefragt, wie er aussah, aber ich hatte wirklich keine Meinung. Man sah ihn sehr selten. Ich erinnere mich, dass er eines Tages auf dem Jagdfeld einen schlimmen Sturz hatte. Sein Pferd steckte mit dem Fuß in einem Loch und fiel mit ihm. Es sah nach einem schlimmen Unfall aus, als ob das Pferd über ihn hinwegrollen würde. Ich war mit einem meiner Freunde in der Nähe und als wir einen Unfall sahen (ich wusste nicht, wer es war), hielten wir natürlich an, um zu sehen, ob unser Stallbursche etwas tun konnte, aber ein Offizier ritt eilig heran und bat uns, weiterzugehen, denn der Prinz wäre sehr verärgert, wenn irgendjemand, insbesondere eine Frau, seinen Sturz bemerken würde. Ich sah ihn später am Tag, er schien auf einem anderen Pferd ganz in Ordnung zu sein, und niemand machte eine Anspielung auf den Unfall.

Etwa einen Monat nach Viktor Emanuels Tod starb der alte Papst am 8. Februar 1878, ganz plötzlich am Ende. Er wurde natürlich in Rom beerdigt, und es war sehr schwierig, seine Beerdigung im Rom des Königs von Italien zu arrangieren. Er wurde jedoch in St. Peter aufgebahrt, die edle Garde in ihren prächtigen Uniformen stand dicht um den Katafalk herum – lange Reihen italienischer Soldaten, die Bersaglieri mit ihren wehenden Federbüschen, auf beiden Seiten des großen Mittelgangs. In Notre Dame gab es einen großartigen Gottesdienst für ihn. Die Kammern erhoben ihre Sitzordnung als Zeichen des Respekts gegenüber dem Oberhaupt der Kirche, und wieder war die Kathedrale sehr gut besucht. In der Monde (nicht offizieller Gesellschaft) gab es viele Diskussionen darüber, „ob man Trauer für den Heiligen Vater tragen sollte". Ich glaube, es ist richtig, keine Trauer zu tragen, aber fast alle Damen des Faubourg St. Germain liefen eine Zeit lang in schwarzen Gewändern herum. Einer meiner Freunde drückte es ziemlich bildlich aus: „Si on a un ruban rose dans les cheveux on a tout de suite l'air d'être la maîtresse de Rochefort."

Ganz Europa war mit der Frage der Nachfolge des Papstes beschäftigt. In Rom tobten Intrigen und Unterströmungen, und man wartete ungeduldig auf den Ausgang des Konklaves. Niemand konnte das Ergebnis vorhersagen. Die Wahl von Kardinal Pecci, dem späteren Leo XIII., schien zumindest zunächst zufriedenstellend.

Mein Winter verlief recht angenehm; ich begann mich in meinem neuen Quartier immer wohler zu fühlen und traf viele interessante Leute aller Art. Ab und zu gab es eine sehr lebhafte Debatte im Parlament. W. kam sehr spät nach Hause und sagte, so könne es nicht weitergehen und wir würden in ein paar Wochen sicher nicht mehr im Amt sein. Wir wohnten immer in der Rue Dumont d'Urville und ich ging jede Woche dorthin und dachte oft, dass wir in ein paar Tagen wieder dort sein würden.

Eine meiner größten Prüfungen war ein Empfangstag. W. meinte, ich sollte einen haben, also war ich jeden Freitag von drei bis sechs zu Hause, und es waren sehr lange Nachmittage. Ich bestand auf einem Teetisch, was damals eine Neuheit war, aber er durchbrach den steifen Halbkreis aus roten und goldenen Sesseln, die sorgfältig an einem Ende des Raumes aufgestellt waren. Nur sehr wenige Männer tranken Tee. Es war ziemlich amüsant zu sehen, wie einige der Abgeordneten, die eine Tasse Tee, die ihnen die Frau des Ministers anbot, nicht gerade gerne ablehnten, Tasse und Untertasse sehr vorsichtig in den Händen hielten, so taten, als würden sie den Tee schlürfen, und ihn so schnell wie möglich hastig auf den Tisch zurückstellten. Ich hatte natürlich sehr viele Leute verschiedener Nationalitäten, die sich im Allgemeinen nicht kannten. Die Botschafterinnen und Ministerfrauen saßen auf beiden Seiten meines Sofas – die kleineren Leute weiter unten. Sie wurden alle angekündigt, und mein Hausmeister Gérard machte es sehr gut, indem er die großen Türen öffnete und die Namen herausbrüllte. Manchmal kamen am Ende des Tages einige meiner Freunde oder einige der jungen Männer aus der Kanzlei vorbei, und das munterte mich ein wenig auf. Es gab keine Unterhaltung, nur einen Austausch formeller Floskeln, aber ich hatte einige lustige Erlebnisse.

Eines Tages traf ich mehrere Damen, die ich überhaupt nicht kannte, Ehefrauen von Abgeordneten oder kleine Funktionäre in einigen Ministerien. Eine meiner Freundinnen, Comtesse de B., reiste zum ersten Mal nach Italien und Rom. Sie war gekommen, um mir alle möglichen Fragen über Kleidung, Hotels, Leute, die ich treffen würde, usw. zu stellen. Als sie in einem Wirbel von Vorbereitungen und Ansprachen wegging, wandte ich mich an eine meiner Nachbarinnen und sagte: „Je crois qu'on est très bien à l'Hôtel de Londres à Rome", eine ziemlich unbedeutende und harmlose Bemerkung – nur um etwas zu sagen. Sie antwortete hochmütig: „Je n'en sais rien, Madame; je n'ai jamais quitté Paris et je m'en vante." Ich war so erstaunt, dass ich nichts zu sagen hatte, bedauerte aber später, dass ich das Gespräch nicht fortgesetzt und sie gefragt hatte, warum sie so besonders stolz darauf war, Paris nie verlassen zu haben. Reisen soll normalerweise den Horizont erweitern. Ihre Antwort hätte interessant sein können. W. wollte es nicht glauben, als ich es ihm erzählte, aber ich sagte, ich könne es nicht wirklich erfunden haben. Ich pflegte immer am Ende des Tages, wenn er mit Pontécoulant allein war, in sein Kabinett zu gehen und ihnen alle meine Erlebnisse zu erzählen, die ich laut W. nirgendwo sonst erwähnen durfte. Ich erlebte viele Überraschungen, lernte aber bald, nie überrascht zu sein und alles als selbstverständlich hinzunehmen.

Das große Interesse des Sommers galt der Weltausstellung, die im Trocadéro stattfinden sollte, dem neuen Gebäude, das auf dem Champ de Mars errichtet worden war. Die Eröffnung war für den 1. Mai angekündigt und sollte vom Marschall mit großem Pomp durchgeführt werden. Ganz Europa war vertreten, außer Deutschland, und fast alle Großmächte schickten Prinzen, um ihr Land zu vertreten. Wir gingen oft hin, um zu sehen, wie die Arbeiten vorankamen, und ich muss sagen, es sah nicht so aus, als ob alles bis zum 1. Mai fertig sein könnte. In jeder Richtung standen Armeen von Arbeitern und mit Kisten beladene Karren und Lastwagen kämpften sich mühsam durch den Schlamm. Gelegentlich fiel eine leichte Kiste oder ein Ballen herunter, und viele kleine Jungen, die immer auf der Stelle zu sein schienen, stürzten sich übereinander, um das aufzuheben, was heruntergefallen war, und es gab Proteste und Erklärungen in allen möglichen Sprachen. Es war eine bunt gemischte, malerische Menschenmenge – die Kostüme und Uniformen brachten so viel Farbe inmitten der sehr gewöhnlichen dunklen Kleidung, die die zivilisierte westliche Welt trägt. Die Orientalen und die Menschen aus milderen Gegenden taten mir leid – sie sahen so elend kalt und elend aus, wie sie in der sehr frischen Aprilbrise zitterten, die über die große Ebene des Champ de Mars fegte. Die Maschinen, insbesondere die amerikanischen, erregten große Aufmerksamkeit. Immer wartete eine Menschenmenge, wenn einige der großen Teile mit riesigen Flaschenzügen an ihren Platz heruntergeschwungen wurden.

Die Eröffnungszeremonie war sehr glänzend. Glücklicherweise war es ein wunderschöner warmer Tag, da alle vom Marschall und der Regierung eingeladenen Gäste auf einer Plattform vor dem Trocadéro-Gebäude Platz nahmen. Alle diplomatischen Korps, ausländischen Könige und Kommissare der verschiedenen Nationen, die an der Ausstellung teilnahmen, waren eingeladen. Die Aussicht war wunderschön, als wir von unseren Sitzen hinunterblickten. Der große Bereich war voller Menschen. Alle Pavillons sahen mit ihren bunten Wänden und Türmchen sehr fröhlich aus, und überall waren Flaggen, Palmen, Blumen und Springbrunnen – die Seine floss mit phantasievollen Brücken und Booten durch die Mitte. Auf den Tribünen war eine merkwürdige Ansammlung von Menschen. Die Einladungen waren nicht sehr leicht zu verfassen gewesen. Es waren drei spanische Herrscher da, Königin Isabella, ihr Ehemann Don François d'Assizes und der Duc d'Aosta (König Amadée), der einige stürmische Monate in Spanien regiert hatte. Er war gekommen, um Italien auf der Ausstellung zu vertreten. Der Marschall war ziemlich mit seinen spanischen Königen beschäftigt. Er hatte am Abend einen Empfang, zu dem alle eingeladen waren, und hielt es für ratsam, gewisse Vorsichtsmaßnahmen zu treffen. Deshalb schickte er einen seiner Adjutanten zu Königin Isabella, um ihr zu sagen, dass er hoffte, die Ehre zu haben, sie am Abend im Elysée zu sehen, aber er hielt es für richtig, ihr zu sagen, dass sie möglicherweise einige unangenehme Begegnungen haben würde. Sie antwortete: „Wenn mein Mann Sie sprechen wird, ist das alles richtig; wenn der Herzog von Aosta ist, werde ich Ihnen den Besuch vergönnt sein."

Sie kam zum Empfang, aber ihr Mann war schon gegangen. Der Herzog von Aosta war noch da, und sie ging direkt auf ihn zu und küsste ihn auf beide Wangen, was nicht einfach war, denn der Herzog war überhaupt nicht der Typ des heiteren Frauenhelden – ganz im Gegenteil. Er sah aus wie ein Soldat (wie alle Prinzen des Hauses Savoyen) und gleichzeitig wie ein Mönch. Man konnte ihn sich leicht als Kreuzritter mit Federhelm und Brustpanzer vorstellen, der jede Entbehrung oder Anstrengung ohne Murren ertrug. Er war sehr schüchtern (man sah, dass es ihm jedes Mal schwerfiel, wenn jemand zu ihm gebracht wurde und er höfliche Floskeln machen musste), nicht im Geringsten mondän, sondern einfach und charmant, wenn man mit ihm sprach.

Ich sah ihn danach oft, da er seinen Bruder, König Humbert, bei verschiedenen offiziellen Anlässen vertrat, bei denen auch ich anwesend war – bei der Krönung des Kaisers Alexander von Russland, beim Thronjubiläum von Königin Victoria. Er war immer eine beeindruckende Erscheinung, sah überhaupt nicht so aus, als würde er zu unserer modernen Welt gehören. Der Marschall veranstaltete eine Reihe von Abendessen und Empfängen, die höchst brillant waren. Es gab fast immer Musik oder Theateraufführungen mit den besten Künstlern von Paris. Die Comédie Française wurde sehr geschätzt. Ihr Stil ist so vollendet und sicher. Sie spielten an einem Ende eines Salons, nur durch eine Blumenrampe vom Publikum getrennt, genauso gut wie in ihrem eigenen Theater mit all der Hilfe von Kulisse, Akustik und Entfernung. In einem Salon ist das Publikum natürlich viel näher.

Ich erinnere mich an eine bezaubernde Party im Elysée für den österreichischen Kronprinzen, den unglücklichen Erzherzog Rudolph. Alle Stars des Théâtre Français spielten – Croizette, Reichemberg, Delaunay, Coquelin. Der Prinz schien sich zu amüsieren. Er sah sehr gut aus, hatte eine schlanke, elegante Figur und ein bezauberndes Lächeln – er sah nicht aus wie ein Mann, dessen Leben so tragisch enden würde. Als ich ihn einige Jahre später in London sah, war er verändert, sah älter aus, hatte seine Fröhlichkeit verloren, war offensichtlich gelangweilt von den offiziellen Unterhaltungen und flüchtete so schnell er konnte vor allen Abendessen und Empfängen.

Der verstorbene König Edward (damals Prinz von Wales) gewann immer die Gunst der Stunde. Es gab sicherlich etwas in seiner Persönlichkeit, das die Pariser enorm anzog. Er schien das Leben immer zu genießen, wirkte nie gelangweilt, war stets höflich und interessierte sich für die Menschen, mit denen er sprach. Es war eine Freude für die Franzosen, ihn in einem der kleinen Theater zu sehen, wo er sich amüsierte und alle Unterstellungen und den Jargon genauso gut verstand wie sie. Es scheint fast so, als ob das, was jemand sagte, wahr wäre, nämlich dass er sie an ihren geliebten Heinrich IV. erinnerte, der noch immer im Herzen der Nation lebt.

Auch sein Schwager, der Prinz von Dänemark, war äußerst liebenswürdig. Wir trafen ihn oft, wenn er mit einem oder zwei seiner Herren durch die Straßen ging und wie ein gewöhnlicher Provinzler in die Fenster schaute. Er war groß, hatte eine schlanke, jugendliche Gestalt und wurde immer erkannt. Es war eine große Genugtuung und ein großer Stolz für die Pariser, wieder so viele Mitglieder des Königshauses und angesehene Persönlichkeiten unter sich zu haben.

Diese beiden Monate Mai und Juni gaben Paris die Lebendigkeit und Fröhlichkeit der letzten Tage des Kaiserreichs zurück. Auf den Champs-Elysées waren viele schöne Kutschen zu sehen, voll mit hübschen, gut gekleideten Frauen, und die Oper und alle Theater waren voll besetzt. Am Abend der Eröffnung der Ausstellung war Paris illuminiert, die ganze Stadt, nicht nur die Champs-Elysées und Boulevards. Als wir auf unserem Heimweg vom Empfang im Elysée über die Brücke fuhren, war es ein wunderschöner Anblick – die Straßen voller Menschen, die darauf warteten, die ausländischen Könige vorbeiziehen zu sehen, und der Blick auf die Seine mit den Lichtern der hohen Gebäude, die sich im Wasser spiegelten – wie im Märchenland.

[Abbildung: Seine Königliche Hoheit Edward, Prinz von Wales, im Jahr 1876.
Nach einer Fotografie von Lock & Whitfield, London.]

Die Abendessen und Empfänge im Elysée und in allen Ministerien in diesen ersten Wochen der Ausstellung waren interessant, aber sehr ermüdend. Glücklicherweise gab es nicht viele Mittagessen oder Tagesunterhaltungen. Ich hatte jeden Nachmittag eine schöne Fahrt in der offenen Kutsche mit Mutter und Baby, und das hielt mich am Leben. Gelegentlich (nicht oft) aß W. ein Herrenessen, und dann konnte ich mit einigen meiner Freunde auf die Ausstellung gehen und dort speisen, was sehr unterhaltsam war – so eine merkwürdige Ansammlung von Menschen. Die Rue des Nations war wie ein riesiger Jahrmarkt. Wir trafen alle unsere Freunde und hörten jede Sprache unter der Sonne. Unter anderen angesehenen ausländischen Gästen in diesem Jahr hatten wir Präsident und Frau Grant, die überall in Europa (England ist das Beispiel) wie Könige empfangen wurden. Als sie mit uns am Quai d'Orsay speisten, gingen W. und ich nach oben auf die große Treppe, um sie zu treffen, genau wie wir es für den Prinzen und die Prinzessin von Wales taten.

Es kommt mir komisch vor, wenn ich daran denke, wie unzeremoniell nicht nur ehemalige Präsidenten, sondern auch echte Präsidenten in Amerika behandelt wurden, als ich ein Kind war. Ich erinnere mich noch gut daran, wie ein Präsident (ich habe vergessen, welcher) in Begleitung von zwei oder drei Herren den großen Salon des alten Cozzen's Hotel in West Point betrat. Es waren eine gewisse Anzahl Leute im Raum und niemand bewegte sich oder dachte daran, aufzustehen. Die Grants jedoch waren sehr schlicht – sie nahmen alle ihnen erwiesenen Ehren ohne irgendeine Pose an. Der Marschall gab ihnen ein großes Abendessen im Elysée. Wir kamen etwas spät an (das taten wir immer) und fanden eine große Gesellschaft versammelt vor. Die Grants kamen kurz nach uns.

Die Maréchale sagte zu mir: „Der chinesische Botschafter wird Sie zum Abendessen einladen, Madame Waddington. Er ist ein interessanter, kluger Mann, kennt England und die Engländer gut – spricht bemerkenswert gut Englisch." Kurz bevor das Abendessen angekündigt wurde, wurde der Botschafter zu mir gebracht. Er war ein auffallend aussehender Mann, groß, breitschultrig, würdevoll, sehr prächtig gekleidet in hellblauen Satin, bestickt mit bunten Blumen und Gold- und Silbermustern, und mit einem prächtigen gelben Paradiesvogel in seiner Mütze. Er kam nicht ganz auf mich zu, verneigte sich aus einer gewissen Entfernung tief vor mir und fiel dann in eine Gruppe kleinerer Satelliten zurück, die alle sehr prächtig gekleidet waren. Als das Abendessen angekündigt wurde, gingen die ersten Paare hinaus – der Marschall mit Mrs. Grant und die Maréchale mit Präsident Grant und W. mit seiner Frau. Es entstand eine Pause; ich hätte als nächster gehen sollen, aber mein Botschafter war nicht entgegenkommend. Ich schaute und wunderte mich. Alle Adjutanten gaben mir aufgeregte Zeichen, weiterzugehen, und der ganze Zug wurde angehalten. Ich wusste wirklich nicht, was ich tun sollte – ich kam mir ziemlich dumm vor. Plötzlich erschien der Botschafter – bot mir nicht seinen Arm an, sondern verbeugte sich erneut tief vor mir, was ich erwiderte und ein paar Schritte vortrat. Er kam ebenfalls näher, und wir gingen würdevoll Seite an Seite ins Esszimmer. Später hörte ich die Erklärung. Es schien, dass in jenen Tagen (ich glaube, die Dinge haben sich *inzwischen geändert*) kein Chinese von Rang eine Frau berührte, die ihm nicht gehörte, und der Botschafter hätte sich (ebenso wie ich) entehrt gefühlt, wenn er mir seinen Arm angeboten hätte. Das Abendessen war alles andere als banal.

Als wir endlich am Tisch ankamen, saß ich links vom Marschall – Mrs. Grant war rechts von ihm. Der Marschall sprach und verstand weder Englisch. Mrs. Grant sprach kein Französisch, also schien die Unterhaltung nicht sehr lebhaft zu werden. Nach ein paar Augenblicken wollte Mrs. Grant natürlich etwas zu ihrem Gastgeber sagen und sie sprach ihn auf Englisch an. „Herr Präsident, ich bin so glücklich, in Ihrem schönen Land zu sein", sagte der Marschall zu mir: „Madame Waddington, ich bitte Sie, mir zu sagen, dass Sie mir nicht antworten können; ich verstehe kein Englisch; ich kann nicht mit Ihnen sprechen." „Mrs. Grant, der Marschall bittet mich, Ihnen zu sagen, dass er bedauert, nicht mit Ihnen sprechen zu können, aber leider versteht er kein Englisch." Dann entstand eine Pause und Mrs. Grant begann erneut: „Was für ein wunderschöner Palast, Herr Präsident. Mit diesem bezaubernden Garten muss er entzückend sein." Wieder sagte der Marschall zu mir: „Aber ich bitte Sie, Madame, und sage Madame Grant, dass Sie nicht mit ihr reden können. Sie wird mich nicht sprechen lassen, sie versteht mich nicht." „Mrs. Grant, der Marschall ist betrübt, dass er nicht mit Ihnen reden kann, aber er versteht *wirklich* kein Englisch." Das war sehr anstrengend für Mrs. Grant. Glücklicherweise konnte ihr anderer Nachbar ein wenig Englisch und sie konnte mit ihm reden, aber während des ganzen Abendessens fing sie immer wieder mit dem Marschall an.

Nach einigen Augenblicken wandte ich meine Aufmerksamkeit meinem Botschafter zu. Ich hatte ihn verstohlen beobachtet, während ich für den Marschall und Mrs. Grant dolmetschte. Ich sah, dass er alles *annahm* , was ihm angeboten wurde – Gerichte, Weine, Soßen –, aber er griff nie etwas an, ohne abzuwarten, was seine Nachbarn taten, wann und wie sie ihre Messer und Gabeln benutzten – und tat dann genau das, was sie taten – machte nie einen Fehler. Ich sah, dass er die Blumen auf dem Tisch betrachtete, die sehr gut arrangiert waren, also sagte ich zu ihm, wobei ich sehr langsam und deutlich sprach, wie man es mit einem Kind oder einem Tauben tut: „Haben Sie schöne Blumen in Ihrem Land?" Er antwortete prompt: „Ja, ja, sehr heiß, sehr kalt, sehr heiß, sehr kalt." Ich war ein wenig verunsichert, dachte aber, ich hätte vielleicht undeutlich gesprochen und unternahm nach einer Weile einen weiteren Versuch: „Wie sehr die Uniformen zum Glanz des Festes beitragen und die chinesische Kleidung besonders auffallend und schön ist", aber darauf gab er eine so völlig unverständliche Antwort, dass ich mich jeder weiteren Unterhaltung enthielt und ihn nur ab und zu anlächelte, was er stets mit einer kleinen Verbeugung erwiderte.

Wir gingen auf die gleiche Weise Seite an Seite in die Salons zurück, und als die Männer in einen der anderen Räume gegangen waren, um zu reden und zu rauchen, ging ich zur Maréchale, die zu mir sagte: „Ich bin sicher, Sie hatten ein wunderbares Abendessen, Madame Waddington. Der chinesische Botschafter ist ein so kluger Mann, ist viel gereist und spricht so wunderbares Englisch." „In der Tat wunderbar, Madame la Maréchale", und dann wiederholte ich unser Gespräch, was sie kaum glauben konnte und was sie sehr amüsierte. Sie sprach genauso gut Englisch wie ich.

Die Grants wurden während ihres Aufenthalts in Paris sehr gut unterhalten, und wir trafen sie fast jeden Abend. W. mochte den General sehr und fand ihn recht gesprächig, wenn er mit ihm allein war. Bei den großen Abendessen war er natürlich im Nachteil, da er kein Wort Französisch sprach oder verstand. W. fungierte als Dolmetscher und fand das sehr ermüdend. In allen französischen Gesprächen gibt es so viele Schlagfertigkeiten und Unterstellungen, dass selbst Ausländer, die die Sprache gut beherrschen, manchmal Schwierigkeiten haben, allem zu folgen, und es ist fast unmöglich, schnell genug zu übersetzen, um auf dem Laufenden zu bleiben. Wenn sie konnten, wechselten sie ins Englische, und W. sagte, er sei äußerst interessant – er spreche über den Krieg und alles, was der Norden getan habe, ohne sich jemals in den Vordergrund zu drängen.

Wir mussten beide oft als Dolmetscher für Franzosen und Angelsächsische fungieren, da keiner die Sprache des anderen verstand und es immer schwierig fand. Ich erinnere mich an ein Abendessen in Sandringham vor einigen Jahren, als W. in der Botschaft war. Der Prinz von Wales (der verstorbene König Edward) bat mich, neben einem ausländischen Botschafter Platz zu nehmen, der kein einziges Wort Englisch verstand. Beim Abendessen waren ausschließlich Engländer anwesend – sehr viele kluge Männer – der Rektor des Trinity College in Cambridge (der extra gebeten worden war, meinen Mann kennenzulernen, der am Trinity College seinen Abschluss gemacht hatte), Lord Goschen, James Knowles aus dem *19. Jahrhundert*, Froude, der Historiker, Sir Henry James, Lord Wolseley usw. Die Unterhaltung war sehr lebhaft und geistreich. Überall am Tisch brach schallendes Gelächter aus. Mein Botschafter war sehr zappelig und nervös und appellierte die ganze Zeit an mich, aber als ich einige der Bemerkungen mühevoll zusammengefasst und übersetzt hatte, sprachen sie von etwas ganz anderem, und ich fürchte, er hatte nur sehr verschwommene Vorstellungen davon, was sie alle sagten.

Natürlich sahen wir all die vornehmen Fremden, die in jenem Jahr 1878 durch Paris kamen. Viele unserer Kollegen im diplomatischen Korps hatten in ihrem eigenen Land eine große Rolle gespielt. Prinz Orloff, der russische Botschafter, war einer unserer besten Freunde. Er gab uns bei ein oder zwei Gelegenheiten sehr gute Ratschläge. Er war ein vornehm aussehender Mann – er trug immer eine schwarze Augenklappe – er war auf der Krim verwundet worden. Er sprach genauso gut Englisch wie ich und war ein charmanter Redner. General Cialdini war an der italienischen Botschaft. Er war mehr

Soldat als Staatsmann – er hatte sehr erfolgreich zur Bildung des „Vereinigten Italiens" und zur Unterdrückung der weltlichen Macht des Papstes beigetragen und war natürlich nicht gerade eine persona grata für die Katholiken in Frankreich. Prinz und Prinzessin Hohenlohe waren Arnim an der deutschen Botschaft nachgefolgt. Ihre Anfänge waren schwierig, da ihr Vorgänger nichts getan hatte, um die Deutschen in Frankreich populär zu machen, aber ihre starke Persönlichkeit, ihr Taktgefühl und ihr Verständnis für die sehr heikle Lage halfen ihnen enorm. Sie waren Katholiken (die Prinzessin war eine geborene Russin – ihr Bruder, Prinz Wittgenstein, Militärattaché an der russischen Botschaft) und in ihrem eigenen Land sehr große Leute, die sich ihrer selbst und ihrer Position so absolut sicher waren, dass es sehr schwierig war, sie in irgendeiner Weise zu kränken. Sie hätten es nie bemerkt, wenn sie nicht eine außergewöhnliche Unhöflichkeit gezeigt hätten. Die Prinzessin war sehr auffällig, groß, mit einer guten Figur und prächtigem Schmuck. Wenn sie in voller Montur für einen Ball oder einen offiziellen Empfang erschien, trug sie drei Halsketten, eine über der anderen, und eine große, schöne, hohe Tiara, die ihre Größe noch verstärkte. Sie war die einzige Dame des diplomatischen Korps, die Madame Grévy in den ersten Wochen der Präsidentschaft ihres Mannes jemals erkannte. Madame Grévy wurde plötzlich, nicht mehr sehr jung, in ein so völlig neues Milieu geworfen, dass sie ziemlich verwirrt war und nicht erwarten konnte, die Hälfte der Frauen des diplomatischen Korps wiederzuerkennen, aber die deutsche Botschafterin machte ihr Eindruck und sie kannte sie immer. Die Prinzessin war keine sehr mondäne Frau und interessierte sich nicht für die Gesellschaft und das Leben in der Stadt. Sie zog das Landleben mit Reiten, Schießen und allen möglichen anderen Sportarten vor.

Im Winter 1878 hatten wir ein sehr schönes Abendessen in der deutschen Botschaft – es wurde dem Marschall und Madame de MacMahon gegeben. Nach dem Abendessen und beim Kaffee erschien ein Bär im Salon, ein „Babybär", wie man sagte, aber ich fand, dass er nicht sehr klein aussah. Die Prinzessin streichelte ihn und sprach mit ihm, als wäre er ein Hund, und ich muss sagen, das kleine Tier war vollkommen ruhig und blieb in ihrer Nähe. Ich glaube, die Lichter und die Menge der Menschen erschreckten ihn. Er knurrte ein- oder zweimal, und wir waren alle erleichtert, als er weggebracht wurde. Ich fragte die Maréchale später, ob sie Angst gehabt habe. „Oui, ich hatte große Angst, aber ich wollte es diesen Deutschen nicht zeigen." (Ja, ich hatte große Angst, aber ich wollte es diesen Deutschen nicht zeigen.) Sie mussten den Bären schließlich wegschicken, zurück nach Deutschland. Mit zunehmendem Alter wurde es wilder und unkontrollierbarer. In der Botschaft konnte es nicht gehalten werden.

Hohenlohe war immer angenehm und locker. Ich glaube, er hatte echte Sympathie für Frankreich und tat sein Bestes bei verschiedenen heiklen

Anlässen. Im Jahr der Ausstellung (1878) speisten wir jeden Abend auswärts und fast immer mit denselben Leuten. Hohenlohe fiel mir oft zu. Er lud mich zehnmal hintereinander zum Essen ein. Beim elften Mal waren wir beide verzweifelt, als wir gemeinsam hinausgingen, also sagte ich zu ihm: „Lass uns nicht einmal so tun, als würden wir reden; du kannst mit deinem anderen Nachbarn reden und ich mit meinem." Merkwürdigerweise redeten wir jedoch über *Chiffon* . Ich hatte auf ein Kleid gewartet, das erst im letzten Moment nach Hause kam, und als ich es anzog, war das Mieder so eng, dass ich es kaum ertragen konnte. Es war zu spät, um mich umzuziehen, und ich hatte nichts anderes bereit, also machte ich mich höchst unbequem auf den Weg zum Abendessen. Ich wagte nicht, etwas zu essen, wagte mich kaum, mich zu bewegen, was Hohenlohe bemerkte, nachdem er drei oder vier Teller unberührt an mir vorbeigehen sah, und zu mir sagte: „Ich fürchte, Sie sind krank; Sie essen nichts." „Nein, überhaupt nicht, nur sehr unbequem" – und dann erklärte ich ihm die Situation – dass mein Kleid so eng war, dass ich mich weder bewegen noch essen konnte. Er war äußerst empört – „Wie konnten Frauen nur so dumm sein – warum wollten wir ungewöhnlich schmale Taillen haben und Sklaven unserer Schneiderinnen sein? – Männer mochten keine geschminkten Figuren." „Oh doch, das tun sie; alle Männer bewundern eine schlanke, anmutige Figur." „Ja, wenn sie natürlich ist, aber kein Mann versteht oder kümmert sich um eine modisch gekleidete Frau – Frauen kleiden sich füreinander" (was vollkommen wahr ist).

[Abbildung: Fürst Hohenlohe. Nach dem Gemälde von FE Laszlo.]

Es war ihm jedoch bestimmt, andere Damen zu sehen, die sehr auf ihre Figur achteten. Die verstorbene Kaiserin von Österreich, die eine hervorragende Reiterin war, verbrachte eines Frühlings einige Zeit in Paris und ritt jeden Morgen im Bois. Sie war sehr hübsch, hatte eine schöne Figur, hatte schöne Pferde und zog viel Aufmerksamkeit auf sich. Prinz Hohenlohe ritt oft mit ihr. Ich ritt eines Morgens mit einem Freund, als wir schöne Pferde am Aufsteigeblock gleich hinter dem Tor warten sahen. Wir errieten, dass es die Pferde der Kaiserin waren, und warteten darauf, sie aufsteigen zu sehen. Sie kam in einem Coupé an, ihre Zofe begleitete sie, und bestieg ihr Pferd vom Block aus. Der Körper ihrer Kutte war offen. Als sie im Sattel saß, stieg die Zofe auf den Block und knöpfte ihre Kutte zu, die, das muss ich sagen, wunderschön passte – als wäre sie darin verschmolzen.

Die offiziellen Empfänge in diesem Jahr waren interessant, da man noch einige Kostüme sah. Die Chinesen, Japaner, Perser, Griechen und Rumänen trugen ihre Nationaltracht – und sie sahen darin viel besser aus als im gewöhnlichen Frack und mit weißer Krawatte unserer Männer. Die griechische Tracht war sehr auffällig, ein weiter weißer Rock mit hohem besticktem Gürtel, aber sie stand der Trägerin nur gut, wenn sie jung war und eine gute Figur hatte. Ich erinnere mich an eine hübsche Rumänin mit einem weißen, mit Gold übersäten Schleier, der sehr wirkungsvoll war. Heute trägt jeder die gewöhnliche europäische Tracht, außer den Chinesen, die noch immer ihre Tracht tragen. Man kann sich einen Chinesen kaum in Gehrock und hohem Hut vorstellen. Was würde er mit seinem Zopf machen?

Die Unterhaltungen liefen in diesem Jahr bis August ziemlich gut, fast alle Botschaften und Ministerien empfingen Gäste. Königin Isabella von Spanien lebte damals in dem großen Haus in der Avenue Kléber, dem „Palais d'Espagne" (heute das Hotel Majestic). Wir trafen sie oft, wenn wir im Bois fuhren. Sie war eine große, stämmige Frau mit einem ziemlich roten Gesicht und machte in einer Kutsche in normaler Straßenkleidung keine große Wirkung, aber in ihrem Palast war sie eine sehr königliche Dame, wenn sie eine Audienz empfing oder gab. Ich bat um eine Audienz, kurz nachdem W. ins Außenministerium berufen worden war. Wir kannten einen ihrer Kammerherren sehr gut, den Duc de M., und er arrangierte sie für mich. Ich kam am vereinbarten Tag kurz vor vier im Palast an (die Audienz war für vier Personen). Die großen Tore waren offen, ein großer Pförtner, in rote und goldene Spitzen und Knöpfe gekleidet und mit einem Stab in der Hand, wartete – zwei oder drei Männer in Schwarz und vier oder fünf Lakaien in roter Livree und Puder an der Tür und in der Halle. Ich wurde sofort in einen kleinen Raum im Erdgeschoss geführt, wo vier oder fünf Damen, alle Spanierinnen und alle dick, warteten. Nach wenigen Minuten erschien der Herzog. Wir unterhielten uns ein wenig (er sah mich an, um zu sehen, ob ich meinen Schleier und meinen rechten Handschuh abgelegt hatte), und dann erschien ein Mann in Schwarz an der Tür, verbeugte sich tief und sagte etwas auf Spanisch. Der Herzog sagte, wenn ich kommen würde, Ihre Majestät sei bereit, mich zu empfangen. Wir gingen durch mehrere Salons, in denen Lakaien und Pagen (keine Damen) waren, bis wir zu einem sehr großen Salon ganz am anderen Ende des Palastes kamen. Die großen Türen waren offen, und am anderen Ende sah ich die Königin stehen, eine stattliche Gestalt (riesig), gekleidet in ein langes schwarzes Samtkleid, eine hohe Diamant-Tiara auf dem Kopf, von der ein schwarzer Spitzenschleier herabhing, einen Fächer in der Hand (ich nehme an, keine Spanierin, egal welchen Standes, trennt sich jemals von ihrem Fächer) und eine prächtige Perlenkette. Ich machte meinen Knicks auf der Schwelle, der Kammerherr nannte mich mit der üblichen Formel: „Ich habe die Ehre, Eurer Majestät Madame Waddington, die Frau des Außenministers, vorzustellen", dann verließ er rückwärts den Raum und ich ging durch den langen Raum zur Königin. Sie rührte sich nicht, ließ mich meine beiden Knickse machen, einen in der Mitte des Raumes, einen, als ich ganz nah an sie herangekommen war – und schüttelte mir dann die Hand. Wir blieben ein paar Minuten stehen und dann setzte sie sich auf ein Sofa (kein sehr kleines), das sie ganz ausfüllte, und bedeutete mir, in einem Sessel an der Seite Platz zu nehmen. Sie war sehr liebenswürdig, hatte ein bezauberndes Lächeln, sprach sehr gut Französisch, aber mit starkem spanischen Akzent. Sie sagte, sie sei sehr froh, meinen Mann im Außenministerium zu sehen, und hoffte, er würde lange genug bleiben, um echte Arbeit zu leisten – sie sagte, sie liebe Frankreich sehr, liebe es, durch die Straßen von Paris zu fahren, es gäbe immer so viel zu sehen und die Leute sähen fröhlich aus. Sie mochte die Theater sehr, besonders die kleineren, mochte den echten Pariser Witz und die Fröhlichkeit lieber als die gemessenen Phrasen und die geschulte Diktion des Français und des Odéon. Sie sprach sehr herzlich von Marschall MacMahon, hoffte, dass er Präsident der Republik bleiben würde, solange die Republikaner es ihm erlaubten, fürchtete, dass sie seine Position unmöglich machen würden – aber die jüngere Generation wünsche sich immer Reformen und Veränderungen. Ich sagte, ich glaube, das sei überall der Lauf der Welt, in Familien ebenso wie in Nationen – man könne nicht erwarten, dass Kinder mit den Augen ihrer Eltern sehen. Dann sprachen wir über die Ausstellung – sie sagte, die spanische Show sei sehr gut – und sagte mir, ich solle mir die Wandteppiche und Stickereien ansehen, die ganz wunderbar seien – Gold- und Silberfäden, die in die Wandteppiche eingearbeitet waren. Das Gespräch verlief angenehm und ungezwungen. Als ich mich verabschiedete, ließ sie mich den ganzen Raum entlang zurückgehen, ohne mich halb abzuwenden, wie es so viele Prinzessinnen nach den ersten paar Schritten tun, um diesen sehr unbequemen Abgang abzukürzen. Allerdings ist ein Tageskleid niemals so lang und unhandlich wie ein Abendkleid mit Schleppe.

Der Kammerherr wartete direkt vor der Tür, ebenso zwei Hofdamen, die genauso dick waren wie die Königin. Die Inszenierung war jedenfalls sehr wirkungsvoll. Die Anzahl der Bediensteten in roten Livreen, die einsame Gestalt am Ende der langen Enfilade der Räume, der hohe Diamantkamm und der lange Schleier verwandelten die sehr stämmige, rotgesichtige Dame, die ich oft beim Spazierengehen im Bois traf, völlig.

Wir speisten ein- oder zweimal im Palast, immer ein sehr schönes Abendessen. Eines für den Marschall und Madame de MacMahon war wunderschön hergerichtet – alle Lakaien, Dutzende, in Gala-Livreen, rot und gelb, der Maître d'hôtel in sehr dunklem Blau mit goldenen Epauletten und Aiguilletten. Der Tisch war mit roten und gelben Blumen und prächtigem Goldgeschirr bedeckt, und ein sehr gutes Orchester aus Gitarren und Mandolinen spielte während des gesamten Abendessens, wobei die Musiker manchmal sangen, wenn sie ein beliebtes Lied spielten. Wir waren alle in einem der großen Räume versammelt und warteten auf das Erscheinen der Königin. Sobald der Marschall und Madame de MacMahon angekündigt wurden, kam sie herein, empfing sie an der Tür, bildete danach einen Kreis und schüttelte allen Damen die Hand.

Lord Lyons gab in dieser Saison einen wunderschönen Ball in der Botschaft. Das Hotel der britischen Botschaft ist eines der besten in Paris – schöne

Empfangsräume, die auf einen sehr großen Garten hinausgehen, sowie ein großer Innenhof und Seitenausgang –, sodass es kein Durcheinander von Kutschen gab. Er brauchte all sein Zimmer – Paris war voll von Engländern. Außer all den Messebesuchern gab es viele Touristen und bekannte Engländer, die alle erwarteten, in der Botschaft unterhalten zu werden. Die ganze Welt war da. Der Prinz und die Prinzessin von Wales, der Marschall und Madame de MacMahon, die Prinzen von Orléans, Prinzessin Mathilde, der Faubourg St. Germain, die Regierung und so viele Ausländer, wie das Haus fassen konnte, da er sehr viele Leute eingeladen hatte, sobald seine Verpflichtungen – englische und offizielle – erfüllt waren. Nur in einer Botschaft konnte eine solche Versammlung stattfinden, und es war amüsant zu sehen, wie die Leute aus all den verschiedenen Lagern einander ansahen.

Vor dem Cotillion gab es oben ein Abendessen für alle Mitglieder des Königshauses. Man sagte mir, dass der Duc d'Aumale mich zum Abendessen einladen würde. Ich war sehr erfreut (da wir ihn sehr gut kannten und er immer charmant zu uns war), aber auch sehr überrascht, da die Prinzen von Orléans bei keiner großen offiziellen Veranstaltung zum Abendessen blieben. Es hätte Fragen bezüglich des Platzes und der Rangfolge gegeben, die sehr schwer zu klären gewesen wären. Als das Abendessen geplant war, musste etwas geändert werden, da die Prinzen von Orléans nach Hause gegangen waren. Der Kronprinz von Dänemark lud mich ein. Der Speisesaal war hübsch arrangiert, zwei runde Tische – an einem saß Lord Lyons mit den Prinzessinnen von Wales und Dänemark – an dem anderen seine Nichte, die Herzogin von Norfolk, mit den Prinzen von Wales und Dänemark. Ich saß zwischen den Prinzen von Dänemark und Schweden. Mir gegenüber, neben dem Prinzen von Wales, saß eine Dame, die ich nicht kannte. Alle anderen am Tisch kannten sie. Sie sah sehr attraktiv aus, hatte ein charmantes Lächeln und ein sehr lebhaftes Auftreten. Ich fragte den Prinzen von Dänemark leise, wer sie sei – dachte, es müsse eine der ausländischen Prinzessinnen sein, die ich noch nicht getroffen hatte. Der Prinz von Wales hörte meine Frage und sagte sofort mit seinem charmanten Takt und seiner Gelassenheit zu mir: „Sie kennen Prinzessin Mathilde nicht; lassen Sie mich doch die Freude haben, Sie ihr vorzustellen", und nannte mich sofort – in meiner offiziellen Funktion als „Ehefrau des Außenministers". Die Prinzessin war sehr liebenswürdig und lächelte, und wir sprachen über alle möglichen Dinge – einige ihrer musikalischen Schützlinge, die auch meine waren. Sie fragte mich, ob es mir gefiel, im Ministerium am Quai d'Orsay zu wohnen; sie erinnerte sich an ein so schönes Haus. Als die Party zu Ende ging, schüttelte sie mir die Hand und sagte, sie habe nicht das Vergnügen gehabt, Monsieur Waddington zu kennen, aber ich wolle ihm in ihrem Namen für das danken, was er für eine ihrer Freundinnen getan habe. Ich versuchte, W. nach dem Abendessen zu finden, um ihn der Prinzessin vorzustellen, aber er war bereits gegangen und blieb nicht zum Cotillion – auch die Prinzessin ging gleich nach dem Abendessen weg. Ich traf sie danach ein- oder zweimal. Sie war immer freundlich und wir unterhielten uns ein wenig miteinander. Ihr Salon – sie empfing einmal pro Woche – war ein richtiges Zentrum – natürlich alle Bonapartisten, das diplomatische Korps, viele Fremde und alle Berühmtheiten aus Literatur und Kunst.

Mit dieser Ausnahme habe ich nie ein Mitglied dieser Familie gesehen oder mit einem gesprochen, bis ich einige Jahre Witwe war und Kaiserin Eugénie mich auf ihrer Jacht in Cowes empfing. Als die Nachricht von der schrecklichen Tragödie des Todes des kaiserlichen Prinzen in Zululand kam, war W. Außenminister und hatte eine große Party mit Musik eingeladen. W. sagte die Party sofort ab und sagte, es handele sich nicht um Politik oder einen bonapartistischen Prinzen – es sei ein Franzose, der getötet worden sei, als er tapfer in einem fremden Land gekämpft habe. Ich dachte immer, die Kaiserin wüsste davon und schätzte seine Tat, denn während seiner Gesandtschaft in London ließ sie ihm, obwohl wir sie nie sahen, durch gemeinsame Freunde ständig von kleinen Verhandlungen berichten, von denen sie wusste und dachte, sie könnten ihn interessieren, und sprach immer sehr gut von ihm als einem „klaren, patriotischen Staatsmann". Ich hätte sie gerne in ihrer Blütezeit gesehen, als sie außergewöhnlich schön und anmutig gewesen sein muss. Als ich sie sah, war sie nicht mehr jung, sondern eine stattliche, eindrucksvolle Gestalt und hatte noch immer die schönen Augenbrauen, die man auf all ihren Bildern sieht. Eine unserer Freundinnen, eine sehr kluge Frau und große Anti-Bonapartistin, erzählte uns eine amüsante Geschichte über ihren kleinen Sohn. Das Kind war manchmal im Salon, wenn seine Mutter Gäste empfing, und hörte sie und alle ihre Freunde über die Missetaten des kaiserlichen Hofes und die Frivolität der Kaiserin wettern. Eines Tages sah er die Kaiserin im Bois de Boulogne spazieren gehen. Sie wurde von der Gruppe der Kinder angezogen, blieb stehen und sprach mit ihnen. Der Junge war entzückt und sagte zu seiner Gouvernante: „Elle est bien jolie, l'Imperatrice, mais il ne faut pas le dire à Maman." (Die Kaiserin ist sehr hübsch, aber das darf man der Mutter nicht sagen.)

VII

DER BERLINER KONGRESS

Das Jahr 1878 war in vielerlei Hinsicht ein sehr wichtiges Jahr für uns. Neben dem Interesse und den Strapazen der Ausstellung und den ständigen Empfängen und offiziellen Festlichkeiten aller Art stand uns ein großes Ereignis bevor – der Berliner Kongress. Man hatte es schon seit einiger Zeit kommen sehen. Seit dem Krieg auf dem Balkan gab es allerlei neue Abgrenzungen und Fragen zu klären, und Europa wurde sichtlich nervös. Fast unmittelbar nach der Eröffnung der Ausstellung nahm das Projekt Gestalt an, und es wurde beschlossen, dass Frankreich am Kongress teilnehmen und drei Vertreter entsenden sollte. Es war das erste Mal seit dem Deutsch-Französischen Krieg im Jahr 1870, dass sich Frankreich behauptete, aber jetzt war es an der Zeit, aus seiner selbst auferlegten Zurückhaltung herauszutreten und seinen Platz im Kongress der Nationen einzunehmen. Es gab viele öffentliche und private Diskussionen, bevor die Bevollmächtigten ernannt wurden, und viele sehr intelligente und patriotische Franzosen zeigten sich sehr unwillig, das Land auf gefährliches Terrain und einen möglichen Konflikt mit Bismarck zu blicken. Die Sache wurde jedoch entschieden und die drei Bevollmächtigten ernannt – Herr Waddington, Außenminister, als erster; Graf von St. Vallier, ein sehr kluger und angesehener Diplomat, tatsächlicher Botschafter in Berlin, als zweiter; und Herr Desprey, politischer Direktor im Ministerium für internationale Angelegenheiten, als dritter. Er war ebenfalls ein sehr fähiger Mann, eine der Säulen des Ministeriums, seit zwanzig Jahren auf dem Laufenden über jeden Vertrag und jede Verhandlung, sehr umsichtig und klarsichtig. Alle Kollegen von W. waren bei seiner Ernennung äußerst herzlich und charmant. Er gab im Parlament eine Erklärung über die politische Linie ab, die er zu verfolgen beabsichtigte – und wurde uneingeschränkt gebilligt und ermutigt. Kein abfälliges Wort irgendeiner Art wurde gesagt, nicht einmal die übliche Bemerkung „dieser Englische, der uns vertritt". Er reiste am 10. Juni unter den bestmöglichen Bedingungen ab – keine Anweisung seines Chefs, M. Dufaure, Président du Conseil – natürlich sehr schmeichelhaft für ihn, aber die Minister übernahmen selbst keine Verantwortung – und ließen die Tür offen, falls er Fehler machen sollte. Es war offensichtlich, dass das Parlament und die Regierung nervös waren. Es war ziemlich amüsant, als alle Vorbereitungen für die Abreise im Gange waren. W. nahm ein großes Gefolge mit, Sekretäre, Hausmeister usw., und ich sagte ihnen, dass sie mit ihren Mänteln und Stickereien und Dreispitzhüten genauso beschäftigt waren wie jede hübsche Frau mit ihren Kleidern. Ich wollte unbedingt gehen, aber W. dachte, er wäre freier und hätte mehr Zeit, über die Dinge nachzudenken, wenn ich nicht da wäre. Er kannte Berlin überhaupt nicht, hatte weder

Bismarck noch einen der führenden deutschen Staatsmänner gesehen und war sich völlig bewusst, dass jedes seiner Worte und Taten kritisiert werden würde. Wenn jedoch eine Person des öffentlichen Lebens nicht kritisiert wird, bedeutet dies normalerweise, dass sie bedeutungslos ist – Angriffe und Kritik sind daher eher willkommen – und wirken anregend . Ich hätte inoffiziell bei einem Cousin übernachten können, aber er meinte, das ginge nicht. St. Vallier war Junggeselle; es wäre für ihn eine ziemliche Angelegenheit gewesen, in der Botschaft ein Apartment für eine Dame und ihre Zofen zu organisieren, aber er war sehr höflich und bat mich, mitzukommen.

[Abbildung: M. William Waddington. In der Uniform, die er als Außenminister und auf dem Berliner Kongress 1878 trug]

Ich fühlte mich ziemlich einsam in dem großen Ministerium, als sie alle gegangen waren und ich mit Baby zurückblieb. W. blieb nur fünf Wochen weg, und ich übernahm in seiner Abwesenheit verschiedene offizielle Aufgaben – unter anderem die Besprechung des 14. Juli. Der angesehene Gast bei dieser Gelegenheit war der Schah von Persien, der mit der Marschallin in einer schönen offenen Kutsche mit Vorreitern und Postillonen ankam. Der Marschall war natürlich mitgefahren. Der Schah war überhaupt keine auffällige Gestalt, klein, stämmig, mit dunkler Haut und harten schwarzen Augen. Er trug schöne Juwelen, einen großen Diamanten, der die weiße Aigrette seiner hohen schwarzen Mütze zusammenhielt, und sein Schwertgriff war mit Diamanten besetzt. Er nickte steif und nahm die Verbeugungen und Knickse an, die jeder machte, wenn er in der Loge des Marschalls erschien. Er nahm sofort seinen Platz auf einer Seite der Marschallin vor der Loge ein, neben ihm eine der Botschafterinnen, Prinzessin Hohenlohe, glaube ich. Die militärische Zurschaustellung schien ihn zu interessieren. Ab und zu machte er eine Bemerkung gegenüber der Maréchale, aber er war ganz sicher nicht gesprächig. Während die endlose Reihe der Infanterieregimenter vorbeizog, ging man in den hinteren Teil der Loge, wo ein Tisch mit Eis, Champagner usw. stand. Madame de MacMahon kam auf mich zu und sagte: „Madame Waddington, Sa Majesté fordert die Neuigkeiten von M. Waddington", woraufhin sich Seine Majestät direkt vor mich stellte, so nah, dass er mich fast berührte, und schnell und abrupt fragte, als würde er einen Schuss abfeuern: „Où est votre mari?" (weder Madame noch M. Waddington, noch eine der Bezeichnungen, die in der feinen Gesellschaft normalerweise verwendet werden). „Nach Berlin, Sire." „Pourquoi à Berlin?" „Als französischer Vollmachtgeber auf dem Kongress von Berlin." "Oui, oui, je sais, je sais. Cela l'intéresse?" "Beaucoup; il voit tant de personnes intéressantes." "Oui, je sais. Il va bien?", immer näher zu mir kommend, so dass ich mich gegen die Wand zurückdrängte, mit seinen harten, hellen kleinen Augen auf meine gerichtet und immer mit demselben scharfen, ruckartigen Ton. "Il va parfaitement bien, je vous remercie." Dann gab es eine Pause und er machte ein oder zwei andere Bemerkungen, die ich nicht ganz verstand – ich glaube, sein Französisch reichte nicht sehr weit –, aber ich verstand etwas über "jolies femmes" und zeigte ihm ein oder zwei, aber er starrte mir immer noch ins Gesicht und ich war erfreut, als sein Minister auf ihn zukam (schüchtern – alle seine Leute hatten Angst vor ihm) und sagte, eine Persönlichkeit wolle ihm vorgestellt werden. Er schüttelte mir die Hand, sagte etwas über „votre mari revient bientôt" und ging. Die Marschallin fragte mich, ob mich die Besorgnis Seiner Majestät um die Gesundheit meines Mannes nicht rühre und ob ich nicht gern nach vorn in die Loge kommen und mich neben ihn setzen wolle, aber ich sagte ihr, ich könne mir nicht vorstellen, die Aufmerksamkeit Seiner Majestät auf mich zu ziehen, da es mehrere wichtige Personen gäbe, die ihm vorgestellt werden wollten. Ich beobachtete ihn ein wenig (aus der Ferne) und versuchte zu sehen, ob irgendetwas Eindruck auf ihn machte (die Menge, die hübschen, gut gekleideten Frauen, der Vorbeimarsch, die langen Infanteriereihen – ziemlich ermüdend anzusehen, da ein Linienregiment dem anderen sehr ähnlich sieht –, die Jäger mit ihren kleinen kastanienbraunen Pferden, die Dragoner mit schwereren Pferden und die Kanonen), aber sein Gesicht blieb absolut ausdruckslos, obwohl ich glaube, dass er alles sah. Sie erzählten eine lustige Geschichte über ihn auf einem der Hofbälle in London. Als er dem Tanz eine Zeit lang zugesehen hatte, sagte er zum Prinzen von Wales: „Sagen Sie diesen Leuten, sie sollen jetzt aufhören, ich habe genug gesehen" – offensichtlich dachte er, es sei eine Ballettaufführung zu seiner Unterhaltung. Eine andere Aufführung an einem der europäischen Höfe war lustig. Der Monarch war sehr alt, seine Gemahlin ebenfalls. Als der Schah der königlichen Dame vorgestellt wurde, sah er sie wortlos streng an und bemerkte dann zu ihrem Ehemann: „Laide, vieille, pourquoi garder?" (Hässlich, alt; warum sie behalten?)

[Abbildung: Nasr-ed-Din, Schah von Persien.]

Ich ging zu einem großen Abendessen und Empfang in der britischen Botschaft, der für alle Direktoren und Kommissare der Ausstellung gegeben wurde. Es war eine schöne, warme Nacht, der Garten war beleuchtet, alle gingen umher und ein Orchester spielte. Viele der Beamten hatten ihre Frauen und Töchter dabei, und einige der Toiletten waren wunderbar. Es gab eine ganze Menge hübscher Frauen, Schwedinnen und Däninnen, der nördliche Typ, sehr blondes Haar und blaue Augen, die viel Aufmerksamkeit erregten, und eine Gruppe Chinesen (alle in Kostümen) stand stolz abseits – anscheinend nicht im Geringsten interessiert an der schwulen Szene vor ihnen. Ich frage mich, was sie von europäischen Sitten und Gebräuchen hielten! Es wurde nicht getanzt, was ihre östliche Moral vermutlich schockiert hätte. Lord Lyons fragte mich, warum ich nicht in Berlin sei. Ich sagte: „Aus den besten Gründen zog es mein Mann vor, ohne mich zu gehen – aber ich

hoffte, er würde mich vielleicht am Ende des Kongresses nachholen lassen."
Er sagte mir, Lady Salisbury sei mit ihrem Mann dort. Er schien dem
friedlichen Ausgang der Verhandlungen eher skeptisch gegenüberzustehen,
da er befürchtete, dass viele unvorhergesehene Fragen auftauchen und die
Sache verkomplizieren würden.

Ich ging zu einem Ball im Hôtel de Ville, der auch für alle Ausländer und
Franzosen im Zusammenhang mit der Ausstellung gegeben wurde. Die
Anreise war sehr lang und ermüdend. Die Kutschenfahrt half nichts, da jeder
eine hatte. Graf de Pontécoulant ging mit mir und protestierte heftig, aber
einer der Polizeichefs, den er gut kannte, kam zum Wagen und erklärte, dass
nichts getan werden könne. Es gab eine lange Reihe diplomatischer und
offizieller Kutschen, und wir mussten unser Glück mit den anderen
versuchen. Einige unserer Cousins (Amerikaner) kamen überhaupt nicht an
– saßen stundenlang in ihrer Kutsche in der Rue du Rivoli und bewegten sich
Zoll für Zoll. Glücklicherweise war es eine schöne warme Nacht; und als wir
näher kamen, sahen wir viele Leute gehen, die ihre Kutschen ein Stückchen
weiter verlassen hatten und hoffnungslos in einer Menge von Fahrzeugen
eingeklemmt waren – die Frauen in leichten Kleidern, mit Blumen und
Juwelen im Haar. Die Räume sahen sehr hübsch aus, als wir endlich
hineinkamen, besonders das Treppenhaus, mit einem Garde Municipal auf
jeder Stufe und Palmen- und Blumenbeeten auf dem Treppenabsatz in der
Halle, wo immer Blumen hingestellt werden konnten. Die Ville de Paris stellt
alle Blumen und Pflanzen für die offiziellen Empfänge zur Verfügung, und
sie sind immer sehr schön arrangiert. Auch einige Trophäen mit Flaggen aller
Nationen machten einen großen Eindruck. Ich sah nicht viele Leute, die ich
kannte – es war unmöglich, durch die Menge zu kommen, aber jemand
besorgte mir einen Stuhl am offenen Fenster, das auf den Balkon hinausging,
und ich saß ganz zufrieden da und sah den vorbeiziehenden Leuten zu. Die
ganze Welt war vertreten, und es war interessant, die verschiedenen Typen
zu sehen – Südstaatler, klein, schmächtig, dunkel, ungeduldig, die sich durch
die Menge schlängelten – die Angelsachsen, groß, breit, ruhig, die ihre
Schultern strafften, wenn es einen plötzlichen Ansturm gab, und ganz
geduldig auf eine Chance warteten, ein wenig vorzurücken. Auch einige der
Frauen drängten sich gut – offensichtlich entschlossen, so viel wie möglich
zu sehen. Ich glaube nicht, dass irgendwelche Mitglieder des Königshauses,
nicht einmal kleinere, da waren.

W. schrieb ziemlich regelmäßig aus Berlin, insbesondere in den ersten Tagen,
bevor die eigentliche Arbeit des Kongresses begann. Er brach etwas früher
auf, als er zunächst vorhatte, um ein wenig Zeit zu haben, die Dinge mit St.
Vallier zu besprechen und einige seiner Kollegen kennenzulernen. St. Vallier
und das gesamte Personal der Botschaft trafen ihn am Bahnhof, als er in
Berlin ankam, ebenso Holstein (unser alter Freund, der mit Arnim in der

deutschen Botschaft in Paris war), um ihm im Namen von Fürst Bismarck ein Kompliment zu machen, und er war kaum fünfzehn Minuten in der Botschaft, als Graf Herbert von Bismarck mit Grüßen und Komplimenten seines Vaters eintraf. Am nächsten Tag besuchte er Bismarck, fand ihn zu Hause und sehr höflich vor; er war sehr freundlich, sehr höflich und „bonhomme, originell und sogar amüsant in seiner Konversation, aber mit einem harten Blick in den Augen, der nichts Gutes für diejenigen verheißt, die seinen Weg kreuzen". Er hatte gerade noch Zeit, zur Botschaft zurückzukehren und seine Uniform für seine Audienz beim Kronprinzen (dem verstorbenen Kaiser Friedrich) anzuziehen.[1] Der Vize-Grand-Maître des Ceremonies holte ihn in einer Hofkutsche ab, und sie fuhren zum Palast – W. saß allein auf dem Rücksitz, der Grand-Maître saß ihm vorne gegenüber. „Ich wurde in ein Zimmer geführt, in dem der Prinz stand. Er war sehr freundlich und sprach zwanzig Minuten lang über alles Mögliche, in ausgezeichnetem Französisch, mit ein paar Worten Englisch hier und da, um zu zeigen, dass er von meinen englischen Verbindungen wusste. Er sprach von meinen Reisen in den Osten, von den de Bunsens, von der Gesundheit des Kaisers (dem alten Mann geht es viel besser und er erholt sich deutlich) – und von seinem großen Wunsch nach Frieden." Alle Bevollmächtigten waren noch nicht eingetroffen. Sie erschienen erst am Nachmittag des 12., dem Tag vor der Eröffnung des Kongresses. Fürst Bismarck verschickte die Einladung zur ersten Sitzung:

[Fußnote 1: Der Kronprinz vertrat seinen Vater bei allen Veranstaltungen. Einige Tage vor der Versammlung des Kongresses war der alte Kaiser von einem Nihilisten, Nobiling, am Arm verwundet worden, der aus einem Fenster geschossen hatte, als der Kaiser in einer offenen Kutsche vorbeifuhr. Die Verletzung war nicht so schlimm, aber der alte Mann war sehr erschüttert und nicht in der Lage, an den Zeremonien teilzunehmen oder einen der Bevollmächtigten zu empfangen.]

Zu Ehren seines Vorgängers, Herrn Waddington, heißt es in dem Schreiben dem Fürsten von Bismarck , dass die erste Zusammenkunft des Kongresses am 13. Juni für zwei Stunden im Palais du Chancelier de l'Empire, Wilhelmstraße 77, stattfinden wird.
„Berlin, 12. Juni 1878."

Es war eine brillante Versammlung großer Namen und Intelligenzen, die seiner Einladung folgten – Gortschakoff, Schouvaloff, Andrassy, Beaconsfield, Salisbury, Karolyi, Hohenlohe, Corti und viele andere, jüngere Männer, die als Sekretäre fungierten. Die gesprochene Sprache war Französisch, die einzige Ausnahme machte Lord Beaconsfield, der immer Englisch sprach, obwohl es ganz offensichtlich war, sagte W., dass er Französisch perfekt verstand. Der erste Tag war lediglich eine offizielle Eröffnung des Kongresses – jeder in Uniform – aber nur für diesen Anlass.

Danach gingen sie alle in normaler Morgenkleidung und zogen ihre Uniformen erst am letzten Tag wieder an, als sie den Vertrag unterzeichneten. W. schreibt: „Bismarck leitet den Kongress und hat seine Rolle heute gut gemacht; er spricht ganz gut Französisch, aber sehr langsam, und es fällt ihm schwer, seine Worte zu finden, aber er weiß, was er sagen will, und lässt jeden sehen, dass er es weiß." An diesem ersten Tag sagte sonst niemand viel; jeder Mann war eher zurückhaltend und wartete darauf, dass sein Nachbar anfing. Beaconsfield hielt eine kurze Rede, die für einige seiner Kollegen, insbesondere die Türken, die offensichtlich große Schwierigkeiten hatten, Englisch zu verstehen, anstrengend war. Sie rechneten mit Englands Sympathie, waren aber etwas nervös wegen einer angeblichen Vereinbarung zwischen England und Russland. Die Russen hörten sehr aufmerksam zu. Es schien ein Misstrauen gegenüber England von ihrer Seite zu geben und eine entschiedene Rivalität zwischen Gortschakoff und Beaconsfield. Der Kongress speiste an diesem ersten Abend mit dem Kronprinzen im Schloss in der berühmten weißen Halle – alle in Uniform und Orden. W. sagte, die Hitze sei entsetzlich gewesen, aber der Abend interessant. Es waren einhundertvierzig Gäste da, keine Damen außer den königlichen Prinzessinnen, nicht einmal die Botschafterinnen. W. saß links von Bismarck, der viel redete und sich angenehm machen wollte. Nach dem Abendessen unterhielt er sich lange mit der Kronprinzessin (Princess Royal of England), die Englisch mit ihm sprach. Er fand sie bezaubernd – intelligent und kultiviert und so locker – überhaupt nicht steif und schüchtern wie so viele Mitglieder des Königshauses. Er sah sie während seines Aufenthalts in Berlin sehr oft, und sie war ihm gegenüber stets freundlich – und auch mir gegenüber, als ich sie später in Rom und London kannte. Sie bleibt mir immer als eine der bezauberndsten Frauen in Erinnerung, die ich je getroffen habe. Ihr Gesicht kommt mir oft mit ihrem schönen, strahlenden Lächeln und den traurigsten Augen in den Sinn, die ich je gesehen habe. Ich habe nur sehr wenige wie sie gekannt. W. hatte auch ein Gespräch mit Prinz Frederick-Charles, dem Vater der Herzogin von Connaught, den er als einen eher rau aussehenden Soldaten mit einem kurzen, abrupten Auftreten empfand. Er hinterließ während des Deutsch-Französischen Krieges bittere Erinnerungen in Frankreich, wurde der „Rote Prinz" genannt, er war so hart und grausam, immer bereit, bei der geringsten Provokation jemanden zu erschießen und Dörfer niederzubrennen – so anders als der kaiserliche Prinz, der „unser Fritz" der Deutschen, der immer ein freundliches Wort für den gefallenen Feind hatte.

[Abbildung: Fürst Bismarck. Nach einer Skizze von Anton von Werner, 1880.]

W.s Tage waren sehr ausgefüllt, und wenn die wichtigen Sitzungen begannen, war es manchmal harte Arbeit. Im Kongresssaal war es sehr heiß (alle

Kollegen schienen eine heillose Abneigung gegen offene Fenster zu haben) – und einige der Männer brauchten sehr lange und langwierige Ausführungen zu ihren Fällen. Natürlich waren sie im Nachteil, da sie ihre eigene Sprache nicht sprachen (nur sehr wenige von ihnen konnten gut Französisch, mit Ausnahme der Russen), und sie mussten sehr vorsichtig vorgehen und sich der genauen Bedeutung der Wörter, die sie verwendeten, ganz sicher sein. W. bekam jeden Morgen eine Mitfahrgelegenheit, da der Kongress nur nachmittags tagte. Sie ritten normalerweise im Thiergarten, der nicht sehr groß ist, aber die Reitwege waren gut. Es war sehr schwierig, aus Berlin ins offene Land zu gelangen, ohne durch eine lange Strecke von Vororten und Sandstraßen zu fahren, die nicht sehr verlockend waren. Sehr viele Offiziere ritten im Park, und eines Morgens, als er mit dem Militärattaché der Botschaft ritt, kamen zwei Offiziere angeritten und behaupteten, sie kennen ihn, sie hätten ihn 1870, im Kriegsjahr, in Frankreich gekannt. Sie ritten eine kurze Zeit zusammen, und am nächsten Tag erhielt er eine Einladung von den Offizieren eines eleganten Ulanenregiments, in ihrer Messe zu speisen, „in Erinnerung an die freundliche Gastfreundschaft, die einigen ihrer Offiziere entgegengebracht worden war, die während des Krieges bei ihm in Frankreich einquartiert waren". Da die Gastfreundschaft entschieden erzwungen war und die Anwesenheit der deutschen Offiziere der Familie nicht sehr gefiel, war die Einladung nicht sehr erfreulich. Sie war gut gemeint, aber es war eines jener merkwürdigen Beispiele deutschen Taktmangels, die einem so sehr auffallen, wenn man viel mit Deutschen zusammenlebt. Die Uhrzeiten der verschiedenen Unterhaltungen waren komisch. Bei einem großen Abendessen bei Fürst Bismarck wurden die Gäste um sechs eingeladen, und um halb neun waren alle gegangen. W. saß neben Gräfin Marie, der Tochter des Hauses, fand sie einfach und gesprächig, sie sprach gut Französisch und Englisch. Unmittelbar nach dem Abendessen rauchten alle Männer überall, im Salon, auf der Terrasse, einige gingen mit Bismarck in den Park. W. fand Fürstin Bismarck nicht sehr femme du monde; Sie war zuerst mit ihrem Abendessen beschäftigt, dann mit ihrem Mann, aus Angst, er könnte zu viel essen oder sich erkälten, wenn er das warme Esszimmer in die Abendluft verlässt. Außer der Familie waren keine Damen beim Abendessen anwesend. (Die deutsche Dame scheint nicht denselben Platz in der Gesellschaft einzunehmen wie die Französin und Engländerin. In Paris werden die Frauen der Botschafter und Minister immer zu allen offiziellen Banketten eingeladen.)

Für die Bevollmächtigten wurden Vergnügungen aller Art geboten. Anfang Juli schreibt W. von einer „Landparthie" – der gesamte Kongress (diesmal auch die Ehefrauen) war für einen Tag nach Potsdam eingeladen. Er fürchtete sich vor einem langen Tag – Ausflüge waren nicht sein Ding. Dieser hier scheint jedoch erfolgreich gewesen zu sein. Er schreibt: „Unser Ausflug verlief besser als erwartet. Die Gruppe bestand aus den Bevollmächtigten und einer gewissen Anzahl von Hofbeamten und Generälen. Wir fuhren mit der Bahn los, hielten an einem Bahnhof namens Wannsee und gingen an Bord eines kleinen Dampfers, wobei die Princess Royal die Gäste empfing, als sie an Bord kamen. Dann machten wir uns auf zu einer Fahrt auf den Seen, aber bald kam ein heftiger Sturm, der die Matrosen zwang, die Planen in Windeseile herunterzunehmen und alle in die Kabinen zu treiben. Er dauerte etwa eine halbe Stunde, danach klarte es auf und alle erschienen wieder an Deck. Im Laufe der Zeit landeten wir in der Nähe von Babelsberg, wo Kutschen warteten. Mir wurde gesagt, ich solle mit der Princess Royal, Gräfin Karolyi (Ehefrau des österreichischen Botschafters, eine schöne junge Frau) und Andrassy in der ersten Kutsche fahren. Wir fuhren über das Schloss Babelsberg, das ein hübscher gotischer Landsitz und kein Palast ist und dem gegenwärtigen Kaiser gehört. Danach machten wir eine längere Fahrt durch verschiedene Parks und Dörfer und kamen schließlich in Sans Souci an, wo wir zu Abend aßen. Nach dem Abendessen schlenderten wir durch die Räume und ließen uns die verschiedenen Andenken an Friedrich den Großen zeigen. Um halb elf kamen wir nach Hause." W. sah seinen Cousin, Georg von Bunsen, einen charmanten Mann, sehr kultiviert und kosmopolitisch, oft. Er hatte ein hübsches Haus im neuen Viertel von Berlin und war äußerst gastfreundlich. Er hatte dort ein interessantes Abendessen mit einigen der Literaten und Gelehrten – Mommsen, Leppius, Helmholtz, Curtius usw., die meisten von ihnen seine Kollegen, da er Mitglied der Berliner Akademie war. Er empfand diese Abende als eine angenehme Abwechslung nach den langen, heißen Nachmittagen in der Wilhelmsstraße, wo es notwendigerweise so viel Langeweile und Ermüdung gab. Ich glaube, selbst er hatte die griechischen Grenzen satt, trotz seiner Sympathie für das Land. Er tat, was er konnte, für die Griechen, die ihm sehr dankbar waren und ihm in Erinnerung an die Bemühungen, die er für sie unternommen hatte, eine schöne Bronzegruppe einer weiblichen Figur schenkten – „Griechenland" wirft die Fesseln ab der Türkei. Einige der Redner waren sehr interessant. Er fand Schouvaloff immer einen brillanten Debattierer – er sprach perfekt Französisch, war immer gut gelaunt und höflich und verteidigte seine Sache gut. Man spürte, dass es eine latente Feindseligkeit zwischen den Engländern und den Russen gab. Lord Beaconsfield hielt ein oder zwei starke Reden – sehr auf den Punkt gebracht und leicht arrogant, aber da sie immer auf Englisch gehalten wurden, wurden sie nicht von der gesamten Versammlung verstanden. W. war immer erfreut, Prinz Hohenlohe zu treffen, den eigentlichen deutschen Botschafter in Paris (der zum dritten deutschen Bevollmächtigten ernannt worden war). Er war perfekt auf dem Laufenden über alles, was am Hof und in der offiziellen Welt vor sich ging, kannte jeden und stellte W. verschiedenen Damen vor, die ihn informell empfingen, wo er ein oder zwei Stunden in Ruhe verbringen konnte, ohne alle seine Kollegen zu treffen. Blowitz erschien natürlich auf der Bühne – die wichtigste Person in Berlin (seiner eigenen Meinung nach). Ich bin nicht ganz überzeugt, dass er alle Leute gesehen hat, von denen er sagte, dass er sie gesehen hat, oder ob ihm all die außergewöhnlichen Vertraulichkeiten anvertraut wurden, die er der Öffentlichkeit mitteilte, aber er machte auf jeden Fall einen großen Eindruck auf die Leute, und ich nehme an, dass seine Briefe als Zeitungskorrespondent ganz wunderbar waren. Er war bemerkenswert intelligent und absolut skrupellos, zögerte nicht, den Leuten in den Mund zu legen, was er ihnen sagen wollte, und so hatte er natürlich großen Einfluss auf den gewöhnlichen, einfältigen Journalisten, der einfach schrieb, was er sah und hörte. Da er der Pariser Korrespondent der *London Times war*, war er oft in der französischen Botschaft. W. vertraute ihm nie sehr, und sein Gespür war richtig, denn er war ihm gegenüber alles andere als treu. Die letzten Tage des Kongresses waren sehr arbeitsreich. Die Verhandlungen wurden ziemlich geheim gehalten, aber Dinge sickerten immer durch, und die Zeitungen mussten etwas sagen. Ich war ziemlich verärgert über den Ton der französischen Presse, aber W. schrieb mir, es solle mir nichts ausmachen – sie wüssten eigentlich nichts, und wenn der Vertrag unterzeichnet wäre, würde Frankreich sicherlich sehr ehrenhaft auftreten. All dies ist längst Geschichte und wurde so oft von so vielen verschiedenen Leuten erzählt, dass ich nicht ins Detail gehen werde, außer zu sagen, dass das französische Protektorat Tunis (heute eine unserer blühendsten Kolonien) vollständig von W. in einem langen vertraulichen Gespräch mit Lord Salisbury arrangiert wurde. Die Abtretung der Insel Zypern durch die Türkei an die Engländer war für W. eine höchst unerwartete und unangenehme Überraschung. Er ging jedoch sofort zu Lord Salisbury, der ein wenig verlegen war, da diese Verhandlungen geheim gehalten worden waren, was nicht ganz fair schien – alles andere war offen am Ratstisch besprochen worden. Er verstand W.s Gefühle in dieser Angelegenheit durchaus und war durchaus bereit, eine Vereinbarung bezüglich Tunis zu treffen. Die Sache wurde von der französischen Regierung zunächst weder verstanden noch gebilligt. W. kehrte nach Paris zurück, „nur um in seiner Tasche danach zu suchen und die Schlüssel von Tunesien zu finden" – wie einer seiner Freunde die Situation vor einigen Jahren beschrieb. Seine Regierung hatte ihn beinahe desavouiert. Die Minister waren schüchtern und nicht bereit, dass Frankreich die Initiative ergriff – sogar sein Freund Léon Say, der damalige Finanzminister, ein sehr kluger Mann und brillanter Politiker, sagte: „Unser Kollege Waddington hat dies entgegen seiner Gewohnheit diesmal wegen der Tunesienfrage völlig verloren." (Unser Kollege Waddington hat diesmal, entgegen seiner Natur, wegen der Tunesienfrage völlig den Kopf verloren.) Ich denke, der Lauf der Dinge hat sein Vorgehen völlig gerechtfertigt, und jetzt, da es sich als so erfolgreich erwiesen hat, behauptet jeder, die Initiative des französischen Protektorats Tunis ergriffen zu haben. Denjenigen, die das Projekt durchgeführt haben, wurden alle Ehre zuteil, und über den Mann, der das Vorhaben trotz großer Schwierigkeiten im In- und Ausland ins Leben rief, wird nur sehr wenig gesagt. Einige von W.s Freunden kennen die Wahrheit.

[Abbildung: Der Berliner Kongress. Nach einem Gemälde von Anton von Werner, 1881.]

In den letzten Tagen des Kongresses gab es einen großen Austausch von Besuchen, Fotos und Autogrammen. Unter anderem brachte W. aus Berlin mit und seine Enkel werden ihn als historisches Souvenir schätzen, darunter ein Fächer, ein ganz schlichter Holzfächer, mit den Unterschriften aller Bevollmächtigten – einige davon sehr charakteristisch. Die französischen Unterschriften sind merkwürdig klein und deutlich, ein Kontrast zu Bismarcks Schmierer. W. war sehr traurig, sich von einigen seiner Kollegen verabschieden zu müssen. Andrassy mit seinem schnellen Mitgefühl und seinem sofortigen Verständnis aller Seiten einer Frage zog ihn sehr an. Er war eine bemerkenswerte Persönlichkeit, ganz der slawische Typ. W. hatte wenig privaten Verkehr mit Fürst Gortschakoff – der bereits ein alter Mann und der Typ des altmodischen Diplomaten war – und machte sehr lange und wohlgeformte Sätze, die die Leute ziemlich ungeduldig machten. Im Großen und Ganzen war W. zufrieden. Zwei oder drei Tage vor der Unterzeichnung des Vertrags schreibt er: „Soweit ich es derzeit beurteilen kann, wird niemand mit dem Ergebnis des Kongresses zufrieden sein; es ist vielleicht der beste Beweis dafür, dass er mit den sehr übertriebenen Ansprüchen und Ansprüchen aller Parteien fair und gerecht umgeht. Jedenfalls wird Frankreich aus der ganzen Angelegenheit ehrenhaft hervorgehen und alles getan haben, was eine strikt neutrale Macht tun kann." Der Vertrag wurde am 13. Juli von allen Bevollmächtigten in voller Uniform unterzeichnet. W. sagte, es herrsche ein deutliches Gefühl der Zufriedenheit und Erleichterung, dass er abgeschlossen sei. Sogar Bismarck wirkte weniger beschäftigt, als sei ihm eine Last von den Schultern genommen worden. Natürlich sollte er in allem seinen Willen durchgesetzt haben. Alle (nicht nur die Franzosen) hatten Angst vor ihm. Mit seinem eisernen Willen und seinem skrupellosen Wegfegen oder sogar Vernichten von allem, was ihm in den Weg kam, war er ein furchterregender Gegner. Zur Feier der Unterzeichnung des Vertrags gab es im Schloss ein Galadinner. "Es war die genaue Wiederholung des ersten, bei der Eröffnung des Kongresses. Ich saß links von Bismarck und unterhielt mich viel mit ihm. Der Kronprinz und die Prinzessin saßen genau gegenüber, und die Prinzessin sprach viel mit mir über den Tisch hinweg, immer auf Englisch." Die Kronprinzessin konnte nie vergessen, dass sie als Prinzessin von England geboren wurde. Ihr Haushalt wurde nach englischen Grundsätzen geführt, ihre Kinder wurden von englischen Kindermädchen erzogen, sie selbst sprach immer Englisch mit ihnen. Natürlich muss es in Deutschland viele Dinge gegeben haben, die ihr zuwider waren – so viele der kleinen Verfeinerungen des Lebens, die in England absolut notwendig sind, waren in Deutschland fast unbekannte Luxusgüter – insbesondere, als sie heiratete. Heute hat es in deutschen Häusern und Bräuchen große Fortschritte in puncto Komfort und sogar Eleganz gegeben. Ihre englischen Vorlieben brachten ihr viele Feinde ein, und ich glaube nicht, dass der "Eiserne Kanzler" es ihr leicht gemacht hat. Das Abendessen im Schloss war wie üblich um sechs Uhr, und um neun musste W. Abschied von der Kaiserin nehmen, die in ihren Sympathien sehr französisch war und immer sehr freundlich zu ihm gewesen war. Ihre Tochter, die Großherzogin von Baden, war da, und W. verbrachte eine sehr angenehme Stunde mit den beiden Damen. Die Kaiserin stellte ihm viele Fragen über den Kongress und insbesondere über Bismarck – wenn er einigermaßen gut gelaunt war –, wenn er die Nerven hatte, war er einfach unmöglich, kümmerte sich nicht darum, was die Leute von ihm dachten, und zeigte ohne zu zögern, wenn er gelangweilt war. Die Großherzogin fügte lächelnd hinzu: „Er ist vollkommen intolerant, hat keine Geduld mit einem Narren." Ich nehme an, die meisten Leute sind dieser Meinung. Ich persönlich bin es nicht. Ich habe einige nette, törichte, freundliche, glückliche Freunde beiderlei Geschlechts, die ich immer gerne sehe; ich glaube, sie ruhen sich in diesen Tagen der hohen Bildung, Kultur und des Posierens eher aus. W. beendete seinen Abend bei Lady Salisbury, die einen Abschiedsempfang für alle Bevollmächtigten gab. Er verabschiedete sich von seinen Kollegen, die alle sehr freundlich gewesen waren. Der einzige, der ein wenig steif zu ihm war und kein Verlangen äußerte, ihn wiederzusehen, war Corti, der italienische Bevollmächtigte. Er vermutete natürlich, dass etwas wegen Tunis vereinbart worden war, und war sehr verärgert, dass er Tripolis nicht für Italien hatte bekommen können. Er war später unser Kollege in London, und in seinem Benehmen lag immer ein wenig Zurückhaltung und Kühle. W. verließ Berlin am 17., nachdem er fünf Wochen weg gewesen war.

VIII

FROHES FEIERLICHKEIT AM QUAI D'ORSAY

W. kam am 17. nach Hause und war in den ersten Tagen mit seinen Kollegen und politischen Freunden so beschäftigt, dass ich ihn nicht viel öfter sah, als wenn er in Berlin gewesen wäre. Er war ziemlich angewidert und entmutigt über die Ansichten seiner Kabinettskollegen und seiner Freunde über die Haltung Frankreichs auf dem Kongress. Der einzige Mann, der ein wenig vorausschauen und verstehen konnte, welche Zukunft Frankreich in Tunis haben könnte, war Gambetta. Ich erinnere mich noch gut daran, wie er von einem interessanten Gespräch mit ihm erzählte. Gambetta interessierte sich sehr für auswärtige Angelegenheiten, war sehr patriotisch und überhaupt nicht gewillt, dass Frankreich auf unbestimmte Zeit eine geschwächte Macht bleiben sollte, die immer noch unter der Niederlage von 1870 litt. Während der gesamten Sommermonate gab es viele Feste und Versammlungen aller Art, da die Menschen zur Ausstellung nach Paris strömten. Wir blieben bis in die ersten Augusttage in der Stadt, dann ging W. zu seinem Conseil-Général im Département Aisne, und ich fuhr nach Deauville. Er begleitete mich dorthin, und wir verbrachten einen angenehmen Monat – wir badeten, fuhren herum und trafen viele Leute. Wir hatten uns in Sir Joseph Oliffes Villa niedergelassen, einer der besten in Deauville. Oliffe, ein Engländer, war einer der Ärzte Kaiser Napoleons, und er und der Herzog von Morny waren die Gründer von Deauville, das sehr in Mode war, solange Morny lebte und das Kaiserreich bestand, aber nach dem Deutsch-Französischen Krieg verlor es seine Mode für einige Jahre – Mode und Gesellschaft versammelten sich im Allgemeinen in Trouville. Es gab damals nicht viele Villen und ein ziemlich schlechtes Hotel, aber das Meer war näher als heute, und alle Leute gingen morgens an den Strand, fischten nachmittags Garnelen und führten ein ruhiges Leben im Freien. Es gab weder Polo noch Golf noch Autos – nicht viele Kutschen, einen guten Tennisplatz, auf dem W. regelmäßig spielte, und jeden Sonntag im August Pferderennen, die natürlich ein fröhliches junges Publikum aus der ganzen Sportwelt anlockten. Der Train des Maris, der jeden Samstagabend Paris verließ, brachte eine große Anzahl von Männern mit. Es war ganz anders als das heutige Deauville, das bezaubernd ist, mit vielen hübschen Villen und Gärten und Sportmöglichkeiten aller Art, aber das Meer ist so weit weg, dass man einen ziemlich langen Spaziergang machen muss, um dorthin zu gelangen, und die Morgen am Strand und die Ausflüge nach Trouville am Nachmittag über die Fähre, um ein wenig in der Rue de Paris einzukaufen, gehören der Vergangenheit an. Kurioserweise bekam ich neulich, als ich meine Notizen durchsah, Besuch von einem alten Freund, dem Duc de M., der zum inneren Kreis des kaiserlichen Haushalts von Kaiser Napoleon III. gehörte und aktiv an allen Vorgängen am Hof teilnahm. Er hatte gerade von einem Freund von der sehr glänzenden Saison in Deauville in diesem Jahr und den Goldströmen gehört, die in die Kasse der Geschäftsführung des neuen Hotels und Casinos flossen. Jeder erdenkliche Luxus und jede Verlockung, Geld auszugeben, Rennen, Glücksspiel, hübsche Frauen aller Nationalitäten und mit lässigem Charakter, wunderschön gekleidet und mit Juwelen bedeckt, Seite an Seite mit den Trägerinnen einiger der stolzesten Namen Frankreichs. Er sagte, dass er vor gerade einmal fünfzig Jahren mit dem Herzog von Morny, Prinzessin Metternich und der Gräfin von Pourtéles nach Deauville gefahren sei, um den neuen Badeort einzuweihen, der damals noch von der einfachsten Art war. Die Damen waren schlecht in einem sogenannten Hotel untergebracht und er hatte ein Zimmer in einer Fischerhütte.

Marschall MacMahon hatte in diesem Jahr ein Haus in der Nähe von Trouville und kam gelegentlich herüber, um W. zu besuchen, immer zu Pferd und frühmorgens. W. mühte sich immer ab, in seine Kleider zu schlüpfen, wenn „M. le Marechal" angekündigt wurde. Ich glaube, der Marschall zog seinen militärischen Titel seinen bürgerlichen Ehren sehr vor. Ich nehme an, dass es nie einen so unwilligen Präsidenten einer Republik gegeben hat, außer viele Jahre später Casimir Périer, der das „Gefängnis des Elysée" sicherlich hasste, aber der Marschall war Soldat, und seine militärische Disziplin half ihm in vielen schwierigen Situationen. Wir hatten verschiedene Besucher, die für 24 Stunden herkamen – ein charmanter Besuch vom Marquis de Vogüé, dem damaligen französischen Botschafter in Wien, wo er sehr beliebt war, in jeder Hinsicht eine persona grata. Er war sehr groß, sah vornehm aus, ganz der Typ eines Botschafters. Als ich sein Zimmer inspizierte, war ich ziemlich überrascht von der Kürze des Bettes – ich dachte nicht, dass seine langen Beine jemals hineinpassen würden. Der Diener versicherte mir, dass alles in Ordnung sei, das Bett sei normal, aber ich bezweifle, dass er eine sehr angenehme Nacht hatte. Er und W. waren alte Freunde, waren zusammen in den Osten gereist und hatten in langen sternenklaren Nächten in der Wüste jedes mögliche Thema besprochen. Sie hätten damals sicherlich nie gedacht, dass sie eines Tages als Botschafter und Außenminister eng miteinander verbunden sein würden. Vogüé mochte die Republik nicht, glaubte nicht an die Fähigkeiten oder die Aufrichtigkeit der Republikaner – konnte nicht verstehen, wie W. das konnte. Er war ein persönlicher Freund des Marschalls, blieb während der Präsidentschaft des Marschalls in Wien, verließ die Stadt aber mit ihm, sehr zu W.s Bedauern, der wusste, welche guten Dienste er in Wien geleistet hatte und was für ein schwieriger Posten das für einen improvisierten Diplomaten sein würde. Es war damals und ist, wie ich mir vorstelle, immer noch einer der steifsten Höfe Europas. Von einigen Diplomaten hört man amüsante Geschichten über die strenge Etikette in Hofkreisen, die die Amerikaner immer missachteten. Eine gute Freundin von mir, eine Amerikanerin, die ihr ganzes Leben im Ausland verbracht hatte und deren Mann Mitglied des diplomatischen Korps in Wien war, machte sich immer Sorgen über die Verfehlungen der Amerikaner, die sich nie um Regeln oder höfische Etikette kümmerten. Sie drangen in die gehobenen Kreise ein, gingen kühn auf Erzherzoge und Herzoginnen zu, sprachen fröhlich und ungezwungen mit ihnen, ohne darauf zu warten, dass man sie ansprach, und gaben ihnen eine Menge Informationen über alle Themen, österreichische wie amerikanische, und interessierten die sehr steifen österreichischen Könige wahrscheinlich viel mehr als der gewöhnliche ausgebildete Diplomat, der in seiner Haltung und Konversation natürlich korrekter wäre. Ich denke, die amerikanische Nationalität ist die bequemste der Welt. Die Amerikaner tun einfach, was sie wollen, und niemand ist jemals überrascht. Die Erklärung ist ganz einfach: „Sie sind Amerikaner." Mir sind oft kleine Fehler in den Manieren oder der Erziehung aufgefallen, die einen bei einem Vertreter einer älteren Zivilisation schockieren würden, völlig unbemerkt bleiben oder lediglich ein amüsiertes Lächeln hervorrufen würden.

Wir fuhren viel herum – die Gegend hinter Deauville, vom Meer weg, ist wunderschön – ganz wie England – reizende schmale Straßen mit hohen Böschungen und Hecken auf beiden Seiten – große Bäume mit weit ausladenden Ästen, die sich über ihnen treffen – ausgedehnte grüne Felder mit friedlich grasenden Kühen und herumtollenden Pferden und Fohlen. Es ist ein großartiges Weide- und Zuchtgebiet. In der Nachbarschaft gibt es viele Haras (Zuchtställe), und die großen normannischen Plakate sind sehr gefragt. Ich habe Freunde, die ihre Pferde nie aufs Land mitnehmen. Sie mieten für die Saison ein Paar starker normannischer Pferde, die den ganzen Tag mit der gleichen Geschwindigkeit bergauf und bergab gehen und ein riesiges Stück Land zurücklegen. Wir hielten ein- oder zweimal an, wenn wir eine große Gruppe waren, zwei oder drei Kutschen, und tranken Tee in einem der zahlreichen Bauernhäuser, die verstreut herumlagen. Wasser zum Kochen zu bringen war ein Problem – Milch, Apfelwein, gutes Brot und Butter, Käse konnten wir immer finden – manchmal eine Galette, aber ein Kessel und kochendes Wasser waren völlig ungewohnt. Sie brachten das Wasser in einem großen schwarzen Topf zum Kochen und holten es mit einem großen Löffel heraus. Wir fanden es jedoch amüsant, und das Wasser kochte tatsächlich.

Wir hatten einen italienischen Freund, Graf A., der uns manchmal begleitete, und er war sehr débrouillard, machte sich sofort auf den Weg zur Fermière und holte sich, was er wollte – Stühle und Tische auf dem Gras, mit all den Kühen und Fohlen und Hühnern, die völlig ungestört von den ungewöhnlichen Anblicken und Geräuschen herumliefen. Es war alles sehr rustikal und eine angenehme Abwechslung zu den Herrlichkeiten der Ausstellung und des offiziellen Lebens. Es amüsierte mich sehr, W. mit einem Strohhut auf einem ziemlich wackeligen dreibeinigen Hocker sitzen und Brot mit Butter und Marmelade essen zu sehen. Ein- oder zweimal kamen einige von W.s Sekretären mit Depeschen herunter, und er hatte einen guten Morgen, aber im Großen und Ganzen verging der Monat träge und angenehm.

Wir kehrten um den 10. September nach Paris zurück und blieben dort bis zum Ende der Ausstellung. Paris war wieder voller Ausländer – der Monat Oktober war schön, hell und warm, und die Nachmittage auf der Ausstellung waren herrlich am Ende des Tages, als sich die Menge ein wenig zerstreut hatte und die letzten Strahlen der untergehenden Sonne auf den Meudon-Hügeln und dem Fluss verweilten. Die Gebäude und Kostüme verloren ihren kitschigen Anblick, und man sah nur eine Masse bewegter Farben, die zu erweichen und sich in den Abendschatten zu verlieren schienen. Es gab verschiedene Abschlussunterhaltungen. Der Marschall gab ein prächtiges Fest in Versailles. Wir fuhren hinaus und hatten einige Schwierigkeiten, uns durch die Menge von Kutschen, Soldaten, Polizisten und Zuschauern zu drängen, die die Straße säumten. Es war ein wunderschöner Anblick, als wir uns dem Palast näherten, der in einem Lichtermeer erstrahlte. Die Terrassen und Gärten waren ebenfalls beleuchtet, und die Wirkung der kleinen Lampen, die in den Zweigen der alten Bäume versteckt waren und in alle möglichen phantastischen Formen geschnitten waren, war ganz wunderbar. Am Eingang des Palastes waren nicht so viele Leute, wie wir erwartet hatten, denn die Einladungen waren großzügig an alle Nationalitäten gerichtet. Zunächst sahen die Räume, die hell erleuchtet waren, fast leer aus. Die berühmte Galerie des Glaces war ganz bezaubernd, fast zu hell, wenn es bei einem Fest zu viel Licht geben kann. Als wir ziemlich früh ankamen, waren nur sehr wenige Leute dort – so wenige, dass ich zu M. de L., einem der Adjutanten des Marschalls, sagte: „Wie wunderschön es ist, selbst jetzt, wo es leer ist; wie wird es aussehen, wenn sich alle Uniformen und Juwelen in den Spiegeln spiegeln?", und er antwortete: „Ach, Madame, ich fürchte, wir werden nicht genug Leute haben, der Saal ist so riesig."

Ich musste später an ihn denken, als eine wütende Menschenmenge gegen die Türen eines der Salons hämmerte, in denen die Mitglieder des Königshauses Erfrischungen einnahmen. Ich glaube nicht, dass sie verstanden, was der Lärm bedeutete, und wir jedenfalls nicht, aber einige Angehörige des Hauses des Marschalls, die wussten, dass nur eine leichte, provisorische Abtrennung zwischen uns und einem wütenden Mob bestand, der sich die Treppe hinaufkämpfte, waren grün vor Angst. Die Mitglieder des Königshauses konnten jedoch alle ohne Schwierigkeiten entkommen, und wir versuchten, ihnen sofort nachzueilen, aber dann strömte an beiden Enden eine dichte Menschenmenge in den Raum, und für einen Moment sah die Lage hässlich aus. Die Herren, mein Mann und mein Schwager, Eugene Schuyler, Lord Lyons, der britische Botschafter (ein großer Mann mit breitschultrigen Schultern) und ein oder zwei andere, brachten uns, meine Schwester Schuyler und mich, in eine Nische an einem der großen Fenster, mit schweren Möbeln vor uns, aber das war nicht sehr angenehm – die Menge bewegte sich von beiden Seiten und kam auf uns zu – und die Männer wurden nervös, also zwängte sich einer unserer Sekretäre durch die Menge, fand zwei oder drei Huissiers, kam mit ihnen zurück, und wir bildeten eine Prozession – zwei große Huissiers vorneweg, mit ihren Silberketten und Schwertern, dem Zeichen offiziellen Status, das auf eine französische Menge stets Eindruck macht, dann Lord Lyons, meine Schwester und ich, dann W. und Schuyler und zwei weitere Männer hinter uns – und mit beträchtlichen Schwierigkeiten und einer Menge wütender Vorwürfe bahnten wir uns den Weg nach draußen. Glücklicherweise warteten unsere Kutschen und Diener mit unseren Umhängen in einem der Innenhöfe, und wir konnten recht problemlos entkommen, doch für die meisten Gäste verlief der Abend katastrophal.

Es muss ein Missverständnis zwischen dem Haushalt des Marschalls und den Beamten in Versailles gegeben haben, da nur eine Treppe (und es gibt mehrere) für die Öffentlichkeit geöffnet war, was natürlich völlig unzureichend war. Warum andere nicht geöffnet und beleuchtet waren, wird immer ein Rätsel bleiben. Alle klemmten sich in der einen schmalen Treppe ein – die Leute schubsten und stolperten übereinander – einige der Frauen fielen in Ohnmacht und wurden hinausgetragen, hoch über die Köpfe der zappelnden Massen, und viele Leute sahen ihre Mäntel nie wieder. Die Vestiaire wurde im Sturm erobert – Satin- und Spitzenmäntel lagen auf dem Boden, auf denen jeder herumtrampelte, und am Ende vergnügten sich mehrere Männer, die ihre Mäntel nicht finden konnten, in rosa Satinmänteln, die mit Schwanendaunen gefüttert waren – über den Schultern. Viele Leute schafften es nie in den Palast – nicht einmal über die Treppe. Der Treppenabsatz lag direkt gegenüber dem Saal, in dem die Prinzen ihr Büfett hatten – und wenn es ihnen gelungen wäre, die Tür aufzubrechen, wäre das eine Katastrophe gewesen. Während wir am Fenster standen und in den Park blickten, der mit seinen Lichtern und Blumen wie ein Zaubergarten aussah, fragten wir uns, ob wir hinunterspringen oder klettern könnten, wenn uns die Menge zu sehr bedrängte, aber das Fenster war zu hoch und es gab keine vorspringenden Balkone, die als Trittsteine hätten dienen können. Es war eine sehr unangenehme Erfahrung.

Wir gaben ein paar Nächte danach einen Ball am Quai d'Orsay und hatten auch sehr viele Leute gefragt – alle Botschafter schickten sehr lange Listen mit Einladungen, die sie für ihre Landsleute wünschten, aber die bei weitem umfangreichste war die des amerikanischen Ministers. Die Einladungen, die an die Gesandtschaft der Vereinigten Staaten (wie sie damals hieß) geschickt wurden, waren unglaublich. Es kam mir vor, als wären ganz die Vereinigten

Staaten in Paris und erwarteten, bewirtet zu werden. Bei solchen Gelegenheiten ist der amerikanische Repräsentant in einer sehr schwierigen Lage. Nicht jeder kann zu den verschiedenen Unterhaltungen eingeladen werden, und es ist sehr schwer, Unterscheidungen zu treffen. Wir hatten einige amüsante Erlebnisse. W. bekam einen Brief von einem seiner englischen Freunde, Lord H., in dem stand, dass er mit seinen beiden Töchtern zu den Festen nach Paris käme und sehr gern zu einigen der Partys im Elysée und den Ministerien eingeladen würde. W. antwortete, er würde tun, was er könne, und fügte hinzu, wir würden zwei große Abendessen und Empfänge veranstalten – eines mit der Comédie Française danach und eines mit Musik – zu welchem würden sie kommen? Lord H. antwortete prompt: „Zu beiden." Das war komisch, machte aber eigentlich keinen Unterschied. Wenn man hundert Leute zum Abendessen einlädt, kann man ganz leicht hundertdrei haben, und bei so großen Partys, die Wochen im Voraus geplant werden, gibt immer jemand im letzten Moment auf.

Wir hatten in W.s Kabinett viele Diskussionen mit zwei seiner Sekretäre, die sich insbesondere mit den Einladungen zu unserem Ball beschäftigten. Das Parlament (le peuple souverain) war natürlich eingeladen, aber für die Frauen, die Ehefrauen der Senatoren und Abgeordneten, war das eine andere Frage. Wir kamen schließlich zu einer Lösung, indem wir nur die Ehefrauen einluden, die ich kannte. Wir erhielten eine empörte Antwort von einem Herrn: „MX, Député, ne valsant qu'avec sa femme, a l'honneur de renvoyer la carte d'invitation que le Ministre des Affaires Etrangères et Madame Waddington lui ont adressée pour la soirée du 28...." (Herr X., Abgeordneter, der nur mit seiner Frau Walzer tanzt, hat die Ehre, die Einladungskarte zurückzusenden, die ihm der Außenminister und Madame Waddington für die Party vom 28. geschickt haben...) Es wurde einstimmig beschlossen, dass das Paar eingeladen werden muss – ein Gentleman, der nur zum Tanzen mit seiner Frau auf Bälle geht, muss zu solch vorbildlichem Verhalten ermutigt werden. Ein anderer Brief war ebenfalls lustig, allerdings in einem anderen Stil: „Madame K., die seit einigen Jahren im Himmel ist, wird sich nicht der liebenswürdigen Einladung des Außenministers und von Madame Waddington unterziehen, die sie gern an ihn richteten. Monsieur K. wird sie mit Vergnügen empfangen." ... (Madame K., die seit einigen Jahren im Himmel ist, kann die freundliche Einladung des Außenministers und von Madame Waddington nicht annehmen. Herr K. wird gerne kommen.) Wir bewahrten die Briefe zusammen mit vielen anderen merkwürdigen Exemplaren in unserem Archiv auf. Das Haus wurde in den letzten zwei oder drei Tagen vor dem Ball an Arbeiter übergeben. Mit der Erinnerung an die Treppe in Versailles im Kopf waren wir sehr darauf bedacht, dass keinerlei Zwischenfälle unsere Unterhaltung störten. Beide Eingänge wurden hergerichtet und der alte Aufzug (der seit Jahren nicht mehr funktioniert hatte) wurde in Ordnung gebracht. Man hatte mir ein- oder zweimal vorgeschlagen, es zu benutzen, aber ich hatte immer die grausige Geschichte von Madame Drouyn de l'Huys gehört, die aus der Zeit, als ihr Mann Außenminister war, vier oder fünf Stunden lang zwischen den beiden Stockwerken im Raum hing. Daher war ich nicht geneigt, diese Erfahrung zu wiederholen.

Ich erinnerte mich an den unteren Eingang und die Treppe, die wir nie benutzten, als eine ziemlich dunkle, schmutzige Ecke, und ich war am Morgen des Balls erstaunt, die Verwandlung zu sehen. Vorhänge, Wandteppiche, Flaggen und Grünpflanzen hatten Wunder gewirkt – und der Aufzug sah mit seinen roten Samtvorhängen und Kissen ganz bezaubernd aus. Ich glaube nicht, dass ihn irgendjemand benutzte. Wir hatten unsere Gäste um halb zehn gebeten, da die Prinzen sagten, sie würden um zehn kommen. Ich war gegen neun fertig und dachte, ich würde durch den unteren Eingang nach unten gehen, um mir die Treppe und alle Räume anzusehen, bevor jemand käme. Es war bereits so voll in den Räumen, dass ich nicht durchkam; selbst mein treuer Gérard kam nicht durch. Wir mussten nach zwei Hausmeistern schicken, die mit einiger Mühe Platz für mich machten. W. und sein Personal waren bereits im Salon Réservé und gaben letzte Anweisungen. Die Diener erzählten uns, dass sich seit acht Uhr eine Menschenmenge an den Türen gebildet hatte, die kurz vor neun geöffnet wurden, und eine Flut von Menschen hereinströmte. Der Salon réservé war von Tür zu Tür mit einem blauen Band über dem Eingang versehen und wurde von Huissiers bewacht, alten Hasen, die jeden in der diplomatischen und offiziellen Welt kannten und niemanden hereinließen, der nicht das Recht hatte, in den Zauberkreis einzudringen (der natürlich der einzige Raum wurde, in den jeder gehen wollte). Außerdem standen immer ein oder zwei Mitglieder von W.s Kabinett in der Nähe der Türen, um darauf zu achten, dass Anweisungen befolgt wurden.

Ich glaube nicht, dass der Salon Réservé noch existiert – das blaue Band jedenfalls nicht. Die steigende Flut der Demokratie und Gleichheit würde sich keiner solchen Barriere beugen. Ich erinnere mich noch gut an eine wunderschöne Frau, die eine Zeit lang genau auf der falschen Seite des Bandes stand. Sie war so schön, dass jeder sie bemerkte, aber sie hatte keinen offiziellen Rang oder Anspruch irgendeiner Art, den Salon Réservé zu betreten – niemand kannte sie, obwohl jeder fragte, wer sie sei. Schließlich betrat sie den Raum am Arm eines Mitglieds des diplomatischen Korps, einer jungen Sekretärin, einer ihrer Freundinnen, die ihr ihren Wunsch nicht abschlagen konnte. Sie war sicherlich die schönste Frau im Raum, mit Ausnahme der echten Königin Alexandra, die immer und überall die schönste und vornehmste war.

Die Mitglieder des Königshauses tanzten nicht viel. Wir hatten die regelmäßige Ehrenquadrille mit den Prinzen und Prinzessinnen von Wales,

Dänemark, Schweden, der Gräfin von Flandern und anderen. Keiner der französischen Prinzen kam zum Ball. Es war sehr viel los, aber da die vornehmen Gäste die ganze Zeit im Salon réservé blieben, störte es sie nicht. Kurz vor dem Abendessen, das an kleinen runden Tischen in einem Raum serviert wurde, der von der Rotonde ausging, sagte mir der verstorbene König von Dänemark, damals Kronprinz und Bruder der Prinzessin von Wales, er würde gern nach oben gehen und sich alle Räume ansehen; er habe immer gehört, dass der Palais d'Orsay ein schönes Haus sei. Wir machten einen schwierigen, aber würdevollen Weg durch die Räume. Die Treppe war ein hübscher Anblick, mit einem roten Teppich bedeckt, Wandteppichen an den Wänden und einer Menge hübscher Frauen aller Nationalitäten, die sich auf den Stufen versammelten. Wir gingen durch die Räume, in denen sich genauso viele Leute befanden wie unten, ein Orchester, ein Speisesaal, Leute tanzten – als ob noch eine andere Party im Gange wäre. Wir blieben ein paar Minuten in meinem kleinen Salon am Ende der langen Zimmerflucht stehen. Er sah ganz bezaubernd aus mit den blauen Brokatwänden und den Unmengen von rosa Rosen in hohen Glasvasen. Ich schlug vor, den Aufzug nach unten zu nehmen, aber der Prinz zog es vor, zu Fuß zu gehen (ich auch). Es war noch schwieriger, unten durch die Menge zu kommen – wir mussten das ganze Haus durchqueren. Mehrere Frauen standen auf Stühlen, als wir vorbeigingen, in der Hoffnung, eine der Prinzessinnen zu sehen, aber sie waren klugerweise im Salon réservé geblieben und hatten Angst, sich in die Menge zu wagen.

Das Abendessen war eine ernste Angelegenheit für die jungen Sekretäre des Ministeriums, die große Schwierigkeiten hatten, diesen Raum privat zu halten. Lange vor der Essenszeit hatten einige unternehmungslustige Geister herausgefunden, dass die Mitglieder des Königshauses in diesem Raum zu Abend essen sollten, und da sie feststellten, dass die Sekretäre für alle Vorschläge von „Leuten, die ein Recht hatten, hereinzukommen“ – Kommissionspräsidenten und verschiedene andere angesehene Persönlichkeiten – völlig unzugänglich waren, griffen sie auf die Diener zurück und ließen verschiedene Goldstücke in Umlauf bringen, die jedoch ihren Zweck nicht erfüllten. Die Sekretäre sagten, dass sie mehr Ärger mit den Kammerherren der verschiedenen Prinzen als mit den Prinzen selbst hätten; sie alle wollten im privaten Raum zu Abend essen und waren viel hartnäckiger, einen guten Platz zu haben oder den Platz, der ihnen ihrer Meinung nach zustand, als ihre königlichen Herren. Das Abendessen war sehr fröhlich – der Prinz von Wales (der verstorbene König Edward) war absolut charmant – er sprach mit jedem und erinnerte sich an jeden mit jener außergewöhnlich liebenswürdigen Art, die ihn zu Freunden aller Klassen machte. Unmittelbar nach dem Abendessen verließen die Prinzen und angesehenen Fremden und W. das Haus. Ich blieb noch etwa eine Stunde und schaute mir den Ballsaal an. Er war immer noch überfüllt, die Leute tanzten ausgiebig, und als ich mich schließlich gegen zwei Uhr in mein Quartier zurückzog, schlief ich bei den Klängen von Walzern und Tanzmusik der beiden Orchester ein. Die Feierlichkeiten gingen die ganze Nacht hindurch ziemlich gut weiter. Immer wenn ich aufwachte, hörte ich Klänge von Musik. Das Abendessen dauerte bis sieben Uhr morgens. Unser treuer Kruft sagte uns, dass absolut nichts mehr auf den Tischen war, und sie mussten die Leute fast hinausdrängen, indem sie ihnen sagten, dass eine Einladung zu einem Ball normalerweise nicht bis zum Frühstück am nächsten Morgen reichte.

Ende November gab es einen großen offiziellen Abschluss der Ausstellung mit Preisverleihung – die Stadt war noch immer sehr voll und sehr fröhlich – Eskorten und Uniformen in allen Richtungen – die Champs-Elysées glänzten mit Soldaten – Equipagen aller Art und den ganzen Nachmittag saß eine Menschenmenge unter den Bäumen und war sehr interessiert an allem, was vor sich ging, besonders wenn Kutschen mit Menschen in fremden und auffälligen Kostümen vorbeifuhren. Die Chinesen trugen immer ihre Kostüme; die großen gelben Paradiesvögel wurden zu einem echten Merkmal des Défilé am Nachmittag. Auch eine indische Prinzessin, ganz in Weiß gekleidet – ein weicher, anschmiegsamer Stoff, mit einem weißen Schleier, der *nicht* über ihr Gesicht fiel und von einem goldenen Band um den Kopf gehalten wurde – wurde immer sehr bewundert. Ab und zu gab es ein großes Geklapper von trabenden Pferden und klimperndem Säbel, wenn eine Eskorte von Dragonern vorbeikam, die einen fremden Prinzen zum Elysée eskortierten, um dem Marschall seinen offiziellen Besuch abzustatten. Alle sahen fröhlich aus – die Franzosen lieben Schauspiele so sehr – und es war amüsant zu sehen, welches Interesse alle an dem stetigen Strom von Menschen zeigten, von der modebewussten Dame, die in ihrer Victoria zum Bois fuhr, bis zu den Arbeitern, die in Gruppen an den Straßenecken standen – einige von ihnen gelegentlich mit einem Kind auf den Schultern. Franzosen aller Klassen sind gut zu Kindern. An einem Sonntag oder Festtag, wenn ganze Familien von einem Tag im Bois heimkommen, sieht man oft einen jungen Ehemann, der einen Kinderwagen schiebt oder ein Baby auf dem Arm trägt, damit die arme Mutter sich ausruhen kann. Es war merkwürdig, am Ende der Ausstellung zu sehen, wie schnell alles weggeräumt wurde (viele Dinge waren verkauft worden); und nach ein paar Tagen nahm das Champ de Mars wieder dasselbe Aussehen an wie zu Beginn des Monats Mai – überall schwere Karren und Lastwagen, Ozeane aus Schlamm, Reihen schwarzer Löcher, wo Bäume und Pfähle gepflanzt worden waren, und dieselben Gruppen kleiner, fröstelnder Südstaatler, alle zusammengekauert, in wunderbare Mäntel und Decken gehüllt, ganz gelähmt vor Kälte. Ich weiß nicht, ob die Ausstellung ein finanzieller Erfolg war – ich würde eher nicht denken. Eine Menge Geld kam nach Frankreich (aber die Franzosen gaben enorm viel Geld für ihre Vorbereitungen aus), aber die moralische Wirkung war sicherlich gut – die ganze Welt strömte nach Paris. Taxis und Flussdampfer machten ein blühendes Geschäft, ebenso wie alle Restaurants und Cafés in den Vororten. St. Cloud, Meudon, Versailles, Robinson waren jeden Abend voll mit Menschen, die nach langen heißen Tagen im Staub und den Mühen der Ausstellung nach Luft und Essen dürsteten. Wir haben dort ein- oder zweimal zu Abend gegessen, aber es war sicherlich weder angenehm noch bequem – selbst in den teuersten Restaurants. Sie waren alle überfüllt, der Service war sehr schlecht, die Beleuchtung schlecht und das Essen im Allgemeinen schlecht. Es gab verschiedene nationale Mahlzeiten – russische, italienische usw. –, aber ich nahm an keiner davon teil, außer einmal im amerikanischen Restaurant, wo ich eines Morgens ein sehr gutes Frühstück mit köstlichen Waffeln hatte, die von einem schwarzen Koch zubereitet wurden. Ich war ziemlich froh, als die Ausstellung vorbei war. Man hatte das Gefühl, dass man so viel wie möglich sehen sollte, und es gab einige schöne Dinge, aber es war äußerst ermüdend, sich durch die Menge zu kämpfen, und wir verloren regelmäßig die Kutsche und fanden uns am falschen Eingang wieder und mussten stundenlang auf ein Taxi warten. Tiffany hatte großen Erfolg bei den Franzosen. Viele meiner Freunde kauften Souvenirs der Ausstellung von ihm. Seine Arbeit war sehr originell, phantasievoll und ganz anders als das ziemlich steife, schwere, klassische Silber, das man in diesem Land sieht.

IX

M. WADDINGTON ALS PREMIERMINISTER

Während der Dauer der Ausstellung herrschte in den politischen Kreisen eine Ruhepause, eine Art Waffenstillstand, aber als die Kammern im November wieder zusammentraten, war es offensichtlich, dass die Dinge nicht reibungslos liefen. Die Republikaner und Radikalen waren unzufrieden. Jeden Tag gab es Reden und Andeutungen gegen den Marschall und seine Regierung, und man spürte, dass eine Krise bevorstand. Es gab nicht genug Brot und Fisch für die gesamte Radikale Partei. Wenn man ihnen zuhörte, hätte man den Eindruck, als ob jeder Präfekt und jeder General gegen die Republik konspirierten. Es gab lange Beratungen in W.s Kabinett, und ich ging oft zu unserem Haus in der Rue Dumont d'Urville, um nachzusehen, ob dort alles in Ordnung war, da ich durchaus damit rechnete, zu Weihnachten wieder dort zu sein. Der Höhepunkt wurde erreicht, als der Marschall gebeten wurde, die Aussagen einiger Generäle zu unterzeichnen. Er weigerte sich strikt – die Minister beharrten auf ihren Forderungen. Es gab keine großen Diskussionen, der Marschall hatte sich entschieden und am 30. Januar 1879 verkündete er im Conseil des Ministres seine unwiderrufliche Entscheidung und überreichte seinen Ministern sein Rücktrittsschreiben.

Wir frühstückten melancholisch – W., Graf de P. und ich – am letzten Tag der Präsidentschaft des Marschalls. W. war sehr niedergeschlagen, war ganz sicher, dass der Marschall zurücktreten würde, und sah alle möglichen Komplikationen im In- und Ausland voraus. Der Tag war auch düster, grau und kalt, selbst die großen Räume des Ministeriums waren dunkel. Sobald sie nach Versailles aufgebrochen waren, nahm ich das Baby und ging zu Mutter. Als ich über die Brücke fuhr, fragte ich mich, wie oft ich sie noch überqueren würde und ob ich am Ende der Woche wieder in meinem eigenen Haus wohnen würde. Wir fuhren herum und tranken zusammen Tee, und ich kam gegen sechs Uhr zum Quai d'Orsay zurück. Weder W. noch Graf de P. waren aus Versailles zurückgekehrt, aber es gab zwei Telegramme – das erste, in dem stand, dass der Marschall zurückgetreten war, das zweite, dass Grévy mit großer Mehrheit an seiner Stelle ernannt wurde.

[Abbildung: M. Jules Grevy liest der Abgeordnetenkammer den Rücktrittsbrief von Marschall MacMahon vor. Aus *L'Illustration* , 8. Februar 1879.]

W. war ziemlich deprimiert, als er nach Hause kam – er hatte immer große Sympathie und Respekt für den Marschall und war sehr traurig, ihn gehen zu sehen –, da er dachte, sein Weggang würde die außenpolitischen Angelegenheiten verkomplizieren. Solange der Marschall im Elysee war, hatten ausländische Regierungen keine Angst vor Staatsstreichen oder

Revolutionen. Er bedauerte auch, dass Dufaure nicht bleiben würde, aber er war ein alter Mann, hatte genug vom politischen Leben und den Parteikämpfen – überließ das Feld jüngeren Männern. Der Brief des Marschalls wurde sofort dem Parlament übermittelt, und die Kammern traten am Nachmittag zusammen. Es gab eine kurze Sitzung, um den Brief des Marschalls zu hören (von Grévy in der Abgeordnetenkammer), und die beiden Kammern, Senat und Abgeordnetenkammer, wurden für eine spätere Stunde desselben Nachmittags einberufen. Es gab nicht viel Aufregung, zwei oder drei Namen wurden ausgesprochen, aber jeder war sicher, dass Grévy der Richtige sein würde. Er wurde von einer großen Mehrheit nominiert, und die Republikaner waren begeistert – sie dachten, die Republik sei endlich auf einer festen und angemessenen Grundlage errichtet worden. Grévy war vollkommen ruhig und selbstbeherrscht – er zeigte keine große Begeisterung. Er muss vom ersten Moment an ganz sicher gewesen sein, dass er ernannt werden würde. Sein erster Besucher war der Marschall, der ihm bei seiner neuen Aufgabe allen möglichen Erfolg wünschte, und wenn Grévy zufrieden damit war, Präsident der Republik zu sein, so war der Marschall noch zufriedener damit, es nicht zu sein und sich wieder seinem Privatleben zu widmen.

Es gab viele Spekulationen darüber, wen Grévy mit der Bildung seines ersten Kabinetts beauftragen würde – und es fanden fast ständige Treffen in allen Gruppierungen der Linken statt. W.s Freunde sagten alle, er würde sicherlich im Außenministerium bleiben, aber das hänge natürlich von der Wahl des Premierministers ab. Wenn er aus den fortgeschritteneren Reihen der Linken geholt würde, könnte W. unmöglich bleiben. Wir waren nicht lange in Ungewissheit. W. hatte ein oder zwei Gespräche mit Grévy, die dazu führten, dass er im Außenministerium blieb, allerdings als Premierminister. W. zögerte zunächst, da er das Gefühl hatte, es würde keine leichte Aufgabe sein, all diese sehr widersprüchlichen Elemente zusammenzuhalten. Es gab vier Protestanten im Ministerium, W., Léon Say, de Freycinet und Le Royer. Jules Ferry, der das Ministerium für öffentliche Bildung übernahm, ein sehr kluger Mann, war praktisch ein Freidenker, und das Parlament war entschieden fortschrittlicher. Die letzten Wahlen hatten dem Senat eine starke republikanische Mehrheit beschert. Er beriet sich mit seinem Bruder Richard Waddington, damals Abgeordneter, später Senator und Präsident der Handelskammer von Rouen, und einigen seiner Freunde und beschloss schließlich, die sehr ehrenvolle, aber auch sehr belastende Position anzunehmen und blieb mit Grévy als Premierminister im Außenministerium.

Wenn ich ihn vorher kaum gesehen hatte, sah ich ihn jetzt überhaupt nicht, da er genau die doppelte Arbeit hatte. Wir frühstückten zusammen, aber es war eine höchst unregelmäßige Mahlzeit – manchmal um zwölf Uhr, manchmal um halb zwei und sehr selten allein. Wir aßen immer auswärts oder hatten Leute dabei, sodass das Familienleben zu einem Traum der Vergangenheit wurde. Wir gingen sehr selten zusammen auswärts essen. W. kam immer zu spät – sein Coupé wartete stundenlang im Hof. Ich hatte meine Kutsche und ging allein. Nach acht oder zehn Tagen unregelmäßiger Mahlzeiten zu unmöglichen Zeiten (wir aßen oft um halb zehn zu Abend) sagte ich zu Graf de P., W.s Kabinettschef: „Können Sie nicht vereinbaren, dass wir etwas früher geschäftlich zu tun haben? Es ist schrecklich, so spät zu speisen und so lange zu warten", worauf er antwortete: „Ach, Madame, niemand könnte sich mehr als ich wünschen, diese Reihenfolge der Dinge zu ändern, denn wenn der Minister um halb zehn zu Abend isst, bekommt der Kabinettschef sein Abendessen um halb elf." Nach einer Weile gelang es uns zwar, zu etwas zufriedenstellenderen Arbeitszeiten zu kommen, aber es war immer schwierig, W. von seiner Arbeit abzubringen, wenn es um etwas Wichtiges ging. Er war völlig vertieft und vergaß die Zeit.

Der neue Präsident Grévy ließ sich sofort mit seiner Frau und seiner Tochter im Elysée nieder. Es gab viele Spekulationen über Madame Grévy – niemand hatte sie je gesehen – sie war absolut unbekannt. Als Grévy Präsident der Nationalversammlung war, gab er sehr angenehme Abendessen für Männer, bei denen Madame Grévy nie erschien. Jeder (jeder Meinung) war erfreut, zu ihm zu kommen, und die Gespräche waren äußerst brillant und interessant. Grévy war ein perfekter Gastgeber, sehr kultiviert und mit einem wunderbaren Gedächtnis – er zitierte Seiten aus den Klassikern, Französisch und Latein.

Madame Grévy wurde immer als ruhige, bescheidene Person bezeichnet – sie war mit häuslichen Pflichten beschäftigt, hasste die Gesellschaft und ging nie irgendwohin – tatsächlich hörte niemand jemals ihren Namen erwähnt. Sehr viele Leute wussten nicht, dass Grévy verheiratet war. Als ihr Mann Präsident der Republik wurde, wurde viel über Madame Grévys gesellschaftlichen Status in der offiziellen Welt diskutiert. Ich glaube nicht, dass Grévy wollte, dass sie in ihrem neuen Leben auftauchte oder an irgendeinem Teil davon teilnahm, und sie wollte es ganz sicher nicht. Nichts in ihrem früheren Leben hatte sie auf eine solche Veränderung vorbereitet, und es war immer eine Anstrengung für sie, aber beide wurden von ihren Freunden überstimmt, die dachten, eine Frau sei ein notwendiger Teil der Position. Es dauerte eine Weile, bis sie sich im Elysée niedergelassen hatten. W. fragte Grévy ein- oder zweimal, wann Madame Waddington seine Frau besuchen könnte – und er antwortete, dass ich eine Nachricht erhalten würde, sobald sie sich vollständig eingelebt hätten. Eines Tages traf eine Nachricht aus dem Elysee ein, in der es hieß, dass Madame Grévy das diplomatische Korps und die Frauen der Minister an einem bestimmten Tag um fünf Uhr empfangen würde. Die Nachricht wurde an das diplomatische Korps weitergeleitet, und als ich am vereinbarten Tag eintraf (früh, da ich die

Leute eintreffen sehen wollte und auch dachte, ich müsse die ausländischen Damen vorstellen), standen bereits mehrere Kutschen im Hof.

[Illustration: M. Jules Grévy wird vom Senat und der Abgeordnetenkammer, die als Nationalversammlung zusammentreten, zum Präsidenten der Republik gewählt. Aus *l'Illustration* , 8. Februar 1879.]

Der Elysée sah genauso aus wie zu Zeiten des Marschalls – jede Menge Bedienstete in Galalivreen – zwei oder drei Hausdiener, die jeden kannten – Palmen, Blumen, überall. Die Traditionen des Palastes werden von einem Präsidenten zum nächsten fortgeführt, und es gibt weiterhin einen festen Personalstamm an Bediensteten. Wir fanden Madame Grévy mit ihrer Tochter und ein oder zwei Damen, vermutlich die Frauen der Sekretäre, in dem bekannten Salon mit den wunderschönen Wandteppichen sitzend – Madame Grévy in einem großen goldenen Sessel am Ende des Raumes – rechts und links von ihr eine Reihe vergoldeter Sessel – Mademoiselle stand hinter ihrer Mutter. Ein Hausdiener kündigte jeden deutlich an, aber die Namen und Titel sagten Madame Grévy nichts. Sie war groß, mittleren Alters, hübsch gekleidet und sichtlich nervös – sie gestikulierte sehr viel, wenn sie sprach. Es war amüsant, all die Leute ankommen zu sehen. Ich hatte nichts zu tun – es gab keine Vorstellung – jeder wurde angekündigt und alle gingen direkt zu Madame Grévy, die sehr höflich war und für jeden aufstand, Männer und Frauen. Es war ein ziemlich imposanter Kreis, der sich um sie versammelte – Prinzessin Hohenlohe, deutsche Botschafterin, saß auf der einen Seite von ihr – Marquise Molins, spanische Botschafterin, auf der anderen. Es waren nicht viele Männer da – Lord Lyons als Doyen des diplomatischen Korps, der Nonce und eine ganze Menge Vertreter der südamerikanischen Republiken. Madame Grévy war völlig verwirrt und versuchte, mit den Damen neben ihr zu sprechen, aber es war eine einschüchternde Veranstaltung für jeden, und sie hatte niemanden, der ihr half, da sie alle ganz neu in der Arbeit waren. Es war offensichtlich eine enorme Erleichterung für sie, als eine Dame aus der offiziellen Welt hereinkam, die sie schon früher kannte. Die beiden Damen begannen sofort ein sehr lebhaftes Gespräch über ihre Kinder, ihre Männer und verschiedene häusliche Angelegenheiten – ein völlig natürliches Gespräch, das die ausländischen Damen jedoch nicht interessierte.

Wir machten keinen sehr langen Besuch – es war nur eine Frage der Form. Lord Lyons kam mit mir heraus, und wir unterhielten uns ziemlich ausführlich, während ich im Vorzimmer auf meinen Wagen wartete. Er war im Umgang mit der offiziellen Welt immer so vernünftig und war sich durchaus bewusst, dass die Lage für Madame Grévy schwierig und anstrengend war – das wäre für jeden der Fall gewesen, der ohne Vorbereitung auf einmal in eine so völlig andere Umgebung geworfen wurde. Er hatte eine gewisse Erfahrung mit Republiken und republikanischen Sitten, da er einige Jahre als britischer Minister in Washington gewesen war und oft Frauen amerikanischer Staatsmänner und Minister gesehen hatte, die frisch aus dem fernen Westen kamen und ihre Karriere in Washington begannen, ganz verwirrt von der Neuheit von allem und völlig unwissend in allen Fragen der Etikette – nur sagte er, die amerikanischen Frauen seien weitaus anpassungsfähiger als die Französinnen oder Engländerinnen – oder eigentlich als alle anderen auf der Welt. Er sagte an diesem Tag auch – und ich habe ihn das seitdem ein- oder zweimal wiederholen hören –, dass er noch *nie* eine dumme Amerikanerin getroffen habe ...

Ich habe es immer für unnötig gehalten, auf Madame Grévys Anwesenheit im Elysée zu bestehen. Es ist für jede Frau, die nicht mehr ganz jung ist, sehr schwer, ein völlig neues Leben in einem völlig anderen Milieu zu beginnen, und für eine Französin aus der Bourgeoisie ist es sicherlich schwieriger als für jede andere. Sie leben in einem so engen Kreis, ihr Leben ist so beengt und uninteressant – sie wissen so wenig über die Gesellschaft und fremde Sitten und Gebräuche, dass sie sich oft unwohl fühlen und Fehler machen müssen. Bei einem Mann ist es ganz anders. All die kleinen Fragen der Kleidung und Manieren usw. existieren für ihn nicht. Ein Mann im Frack und mit weißer Krawatte sieht dem anderen sehr ähnlich, und Männer aller Schichten sind höflich zu einer Dame. Einem intelligenten Mann fällt es niemandem auf, ob sein Mantel und seine Weste zu weit oder zu kurz sind und ob seine Stiefel plump sind.

Madame Grévy wirkte im Elysée nie glücklich. Jeden Donnerstag gab es ein großes Abendessen mit anschließendem Empfang, und sie sah so müde aus, wenn sie im diplomatischen Salon auf dem Sofa saß und sich mit den Ausländern und Leuten aller Art unterhielt, die zu ihren Empfängen kamen, dass man wirklich Mitleid mit ihr hatte. Grévy war immer eine bemerkenswerte Persönlichkeit. Er hatte einen feinen Kopf, ein ruhiges, würdevolles Auftreten und sah sehr gut aus, wenn er an der Tür stand und seine Gäste empfing. Ich glaube nicht, dass er sich sehr für auswärtige Angelegenheiten interessierte – er war im Grunde Franzose – hatte nie im Ausland gelebt oder Ausländer gekannt. Er war zu intelligent, um nicht zu verstehen, dass ein Land auswärtige Beziehungen haben muss und dass Frankreich seinen Platz als Großmacht wieder einnehmen muss, aber die Innenpolitik interessierte ihn viel mehr als alles andere. Er war ein charmanter Redner – jeder wollte mit ihm reden oder ihm vielmehr zuhören. Die Abende im diplomatischen Salon waren recht angenehm. Es war interessant, die Haltung der verschiedenen Diplomaten zu beobachten. Alle hatten recht, aber die meisten von ihnen waren sichtlich feindselig gegenüber der Republik und den Republikanern eingestellt (die ihrer Meinung nach seit der Nominierung von Grévy viel mehr an Bedeutung gewonnen hatten – die Frauen eher noch mehr als die Männer). Man spürte, wenn man es nicht hörte, die Kritik an der Kleidung, dem Benehmen und dem allgemeinen Stil der republikanischen Damen.

[Abbildung: Der Elysée-Palast, Paris]

Ich verstand ihre Sicht der Dinge nicht ganz. Sie freuten sich alle, nach Paris zu kommen, und kannten die Lage genau, wussten, welch ein Abgrund zwischen der gesamten konservativen Partei, den Royalisten und Bonapartisten und den Republikanern bestand, aber die Abwesenheit eines Hofes änderte nichts an ihrer Lage. Sie gingen zu allen Unterhaltungen, die im Faubourg St. Germain stattfanden, und die ganze Gesellschaft kam zu ihnen. Mit sehr wenigen Ausnahmen taten sie nur das Nötigste, um mit der offiziellen Welt zu verkehren. Ich glaube, sie machten einen Fehler, sowohl für sich selbst als auch für ihre Regierungen. Frankreich durchlief eine völlig neue Phase; alles veränderte sich, viele junge intelligente Männer traten in den Vordergrund, und es gab interessante und fähige Diskussionen in den Kammern und in den Salons der republikanischen Minister und Abgeordneten. Ich wage zu behaupten, dass die neuen Theorien von Freiheit und Gleichheit den geschulten Vertretern der Gerichte nicht wohlgesonnen waren, aber die Welt entwickelte sich weiter, Demokratie lag in der Luft, und man hätte meinen können, dass es für Ausländer von Interesse gewesen wäre, die Entwicklung zu verfolgen und selbst zu beurteilen, ob die junge Republik eine Chance auf Leben hatte. Man kann sich kaum vorstellen, dass ein Mann des öffentlichen Lebens nicht alle Seiten einer Frage hören wollte, aber ich glaube, dass es *zumindest* am Anfang ein so tief verwurzeltes Misstrauen und eine so tief verwurzelte Abneigung gegenüber der Republik gab, dass es unmöglich war, die Dinge unvoreingenommen zu betrachten. Ich glaube nicht, dass das eine große Rolle gespielt hat. In diesen Tagen des schnellen Reisens und des Telefons ist die Rolle eines Botschafters viel weniger wichtig als in den alten Tagen, als ein Botschafter mit seinem zahlreichen Gefolge von Sekretären und Bediensteten, die mit der Post reisten, tagelang unterwegs war, bevor er sein Ziel erreichte, und in der Zwischenzeit alles Mögliche passieren und Königreiche und Dynastien gestürzt werden konnten. Jetzt werden alle großen Maßnahmen und Verhandlungen in den verschiedenen Kanzleien diskutiert und abgeschlossen – der Botschafter übermittelt lediglich seine Anweisungen.

Ich glaube, die Frauen waren etwas kompromissloser als die Männer. Eines Tages fand in meinem Salon eine lebhafte politische Diskussion statt, und man hörte all die bekannten Phrasen wie „die Regierung infiziert", „kein Gentleman kann der Republik dienen" usw. Ich schenkte dem nicht viel Aufmerksamkeit – das tat ich nie; ich hatte mich an diese Art der Unterhaltung gewöhnt und wusste genau, was sie alle sagen würden, als ich einen meiner Freunde, einen gebürtigen Amerikaner, der mit einem Franzosen aus sehr guter alter Familie verheiratet war, die folgende Aussage machen hörte: „Toute la canaille est Républicaine." Das war wirklich zu viel, und ich antwortete: „Vous êtes bien indulgente pour l'Empire." Wenn man an die skrupellosen (um keinen stärkeren Ausdruck zu verwenden) und bedürftigen Abenteurer denkt, die den Staatsstreich durchführten und eine große Rolle am Hof des Zweiten Kaiserreichs spielten, war es wirklich ein wenig überraschend, zu erfahren, dass die Republikaner das Monopol der Canaille genossen. Ich nehme jedoch an, dass nichts so nutzlos ist wie eine politische Diskussion (außer vielleicht eine religiöse). Niemand bekehrt jemals einen anderen. Ich habe immer gehört, dass die beste politische Rede nie eine Wahl beeinflusst hat.

Der erste, der Grévy empfing, war Fürst Hohenlohe, der deutsche Botschafter. Sie hatten einen glänzenden Empfang, die Säle waren voll, die ganze offizielle Welt und eine stattliche Abordnung aus dem Faubourg St. Germain. Der Präsident brachte seine Tochter mit (Madame Grévy nahm nie Einladungen an) und sie gingen Arm in Arm durch die Säle, wobei Mademoiselle den Arm von Graf Wesdehlen, dem Ersten Sekretär der deutschen Botschaft, ablehnte.

Schließlich ließ sie sich jedoch dazu bewegen, auf die väterliche Unterstützung zu verzichten, und dann brachte Wesdehlen sie in einem kleinen Salon unter, wo Mollard, Introducteur des Ambassadeurs, sich ihrer annahm und ihr eine große Zahl von Männern vorstellte. Keine Frau würde darum bitten, einer unverheirateten Frau vorgestellt zu werden, und das machte ihre Lage natürlich schwierig. Die wenigen Damen, die sie bereits im Elysée gesehen hatte, kamen auf sie zu, um mit ihr zu sprechen, blieben aber nicht in ihrer Nähe, so dass sie tatsächlich fast allein mit Mollard empfing. Grévy war in einem anderen Raum, très entouré, wie immer. Das diplomatische Korps sparte nicht mit Kritik. Madame Grévy empfing jeden Samstagnachmittag, und ich ging oft – nicht jedes Mal. Es war eine merkwürdige Ansammlung von Leuten, einige merkwürdig gekleidete Frauen und ein oder zwei Männer in Frack und weißen Krawatten – immer eine Handvoll Diplomaten. Prinz Orloff war oft dort, und wenn es irgendjemand hätte schaffen können, dass sich dieser steife, schüchterne Halbkreis von Frauen wohl fühlte, dann hätte er es mit seiner außergewöhnlichen Gelassenheit und großen Weltgewandtheit geschafft. Gambetta zog im Laufe des Monats im Palais Bourbon neben uns ein. Es war jeden Abend hell erleuchtet, und mein Chefkoch erzählte mir, dass einer seiner Freunde, ein ausgezeichneter Koch, engagiert sei und dass es sehr viele Abendessen geben würde. Im Palais Bourbon waren früher, als der berühmte Duc de Morny Präsident der Chambre des Députés war, große Feste veranstaltet worden. Unter Napoleon III. waren seine Feste berühmt. Die ganze Welt, Mode, Politik und Diplomatie, drängte sich in seinen Salons, und Einladungen wurden nicht nur von den Franzosen eifrig gesucht, sondern auch von den vielen Ausländern, die damals durch Paris kamen. Gambetta muss ein merkwürdiger Kontrast zum Duc de Morny gewesen sein.

Irgendwann im Februar besuchten wir eine erste Veranstaltung im Elysée, bei der zwei Kardinäle ernannt werden sollten und Grévy die Biretts überreichen sollte. Mollard bat mich eines Morgens um ein Treffen und sagte mir, die beiden Ablegates mit ihrem Gefolge seien eingetroffen und wollten mir ihre Aufwartung machen. Einer von ihnen war Monsignore Cataldi, den wir in Rom gut gekannt hatten, als wir dort lebten. Er war ein Freund meines Bruders (General Rufus King, der letzte US-Gesandte beim Vatikan unter Pia Nono) und kam oft ins Haus. Er war sehr aufgeregt, als er herausfand, dass Madame Waddington die Mary King war, die er in Rom so gut gekannt hatte. Er hatte einen englischen Priester dabei, dessen Name merkwürdigerweise englisch war. Sie erschienen etwa zur Teezeit und waren ganz charmant, Cataldi genauso dick und fröhlich und gesprächig, wie ich ihn aus den alten Tagen in Rom in Erinnerung hatte. Wir tauchten sofort in allerlei Erinnerungen an alte Zeiten ein – die guten alten Zeiten, als Rom klein und schwarz und interessant war – etwas ganz Eigenes und Andersartiges von jedem anderen Ort der Welt. Monsignore English war viel jünger und zurückhaltender, der angelsächsische Typ – ein Kontrast zu den überschwänglichen Südstaatlern. Wir luden sie zum Essen am nächsten Abend ein und konnten ein paar interessante Leute dazu bringen, sie kennenzulernen, Comte et Comtesse de Sartiges und ein oder zwei Stellvertreter – bien-pensants. Sartiges war früher französischer Botschafter in Rom beim Vatikan und ein sehr kluger Diplomat. Er war sehr autokratisch und tat genau, was ihm gefiel. Ich erinnere mich noch gut an einige seiner kleinen Tänze in der Botschaft. Die Einladungen galten von zehn bis zwölf, und um Punkt zwölf hörten die Musiker auf zu spielen – egal, wer tanzte, der Ball war vorbei. Seine Frau war eine Amerikanerin aus Boston, Miss Thorndike, die sich immer die einfache, natürliche Art der wohlgeborenen Amerikanerin bewahrte. Ihr Sohn, der Vicomte de Sarartiges, ist in die Fußstapfen seines Vaters getreten und einer der ernsthaftesten und intelligentesten jungen Diplomaten.

Cataldi war sehr umgänglich und sprach perfekt Französisch, allerdings mit starkem italienischen Akzent. Nach dem Abendessen gestand er mir, dass er lieber einige der fortschrittlicheren Politiker gesehen hätte als die sehr konservativen Katholiken, die wir eingeladen hatten, um sie kennenzulernen. „Ich weiß, was diese Herren denken; ich würde gerne mit einigen der anderen sprechen, mit denen, die meinen, ‚der Klerikalismus ist der Feind‘, und die fest davon überzeugt sind, dass die Soutane als Deckmantel für alle möglichen hinterhältigen und unpatriotischen Machenschaften dient; ich kann sie nur im Ausland sehen, nie in Rom.“ Er hätte ganz leicht mit ihnen gesprochen. Italiener haben so viel natürliches Taktgefühl, wenn es darum geht, schwierige Fragen zu diskutieren, dass sie die Leute nie unnötig reizen.

W. genoss seinen Abend. Er war noch nie in Rom gewesen und kannte auch nicht viele Römer, und es amüsierte ihn, wie geschickt Cataldi (der ein ergebener Verehrer von Leo XIII. war) alle Querschläger und schwierigen Fragen vermied, indem er nur das sagte, was er sagen wollte, und alles wertschätzte, was man ihm sagte.

Henrietta und ich wollten die Zeremonie im Elysée unbedingt miterleben und fragten Mollard, Introducteur des Ambassadeurs und Chef du Protocole – ein äußerst wichtiger Mann bei allen offiziellen Anlässen –, ob er uns nicht irgendwo in eine Ecke setzen könne, wo wir sehen könnten, ohne teilzunehmen. W. war für uns nutzlos, da er offiziell in Uniform erschien. Madame Grévy war sehr liebenswürdig und schickte uns eine Einladung zum Frühstück. Als wir im Elysée ankamen, fanden wir eine kleine Gesellschaft im Gobelinsalon versammelt – den Präsidenten mit seinem gesamten zivilen und militärischen Haushalt, Madame und Mademoiselle Grévy, drei oder vier Damen, Frauen der Adjutanten und Sekretäre, außerdem mehrere prominente Geistliche, unter ihnen Monsignore Capel, ein englischer Priester, ein sehr gutaussehender und attraktiver Mann, den wir in Rom gut gekannt hatten. Er soll mehr Frauen zum Katholizismus bekehrt haben als jeder andere Mann seiner Zeit; ich kann seinen Einfluss auf Frauen durchaus verstehen. Er hatte etwas sehr Natürliches und Ernstes an sich – keine Pose. Ich hatte ihn seit meiner Hochzeit nicht mehr gesehen und war sehr erfreut, ihn wiederzuerkennen. Er sagte mir, er habe W. noch nie gesehen – er würde ihn unbedingt kennenlernen.

Während wir uns unterhielten, kam W. herein. Er sah sehr warm und unbehaglich aus, in seiner steifen, goldbestickten Uniform, die ihn sehr veränderte. Ich stellte ihm Capel sofort vor. Sie unterhielten sich ziemlich ausführlich, bevor die Erzbischöfe und Ablegates eintrafen. Die beiden zukünftigen Kardinäle, Monseigneur Pie, Erzbischof von Poitiers, und Monseigneur Desprey, Erzbischof von Toulouse, waren in der katholischen Welt wohlbekannt. Die Wahl des Papstes wurde allgemein gebilligt. Sie wurden mit aller gebotenen Zeremonie behandelt, wie es sich für Kirchenfürsten gehörte. Eine der Elysée-Kutschen (immer sehr gut gekleidet) mit einer Kavallerie-Eskorte holte sie ab, und sie sahen in ihren Gewändern sehr stattlich und imposant aus, als sie in den Raum kamen, in dem wir warteten. Sie waren sehr anders, Monseigneur Pie groß, dünn, kalt, arrogant – man hatte das Gefühl, es sei eine Prüfung für ihn, seinen Kardinalshut aus den Händen eines republikanischen Präsidenten zu erhalten. Monseigneur Desprey hatte ein freundliches, gutes Gesicht. Ich glaube, es gefiel ihm auch nicht besonders, aber er machte bessere Miene zum bösen Spiel.

Beide Kardinäle sagten genau das, was man sich von ihnen erwartete – dass die traditionelle Treue Frankreichs zur Kirche in diesen unruhigen Tagen der Gleichgültigkeit gegenüber Religion usw. auf jede Weise unterstützt und gefördert werden sollte. Man spürte die ganze Zeit den starken Antagonismus der Kirche gegenüber der Republik. Grévy antwortete äußerst gut, sprach mit viel Würde und Einfachheit und versicherte den Kardinälen, dass sie sich zugunsten der Rechte der Kirche immer auf die verfassungsmäßige Autorität des Staatsoberhauptes verlassen könnten. Ich war sehr erfreut, die roten Mäntel und hohen Stiefel der Garde Nobles wiederzusehen. Es ist eine sehr auffällige, fesche Uniform. Die beiden jungen Männer sahen gut aus und trugen sie sehr gut. Ich bat darum, sie mir zu präsentieren, und wir unterhielten uns lange über die alten Zeiten in Rom, als der Papst jeden Tag in die verschiedenen Villen und Promenaden ging und immer in Begleitung von Garde Nobles war. Ich lud sie zu unserem Empfang zwei oder drei Abende später ein, und sie schienen sich zu amüsieren. Sie waren natürlich entzückt von ihrem kurzen Aufenthalt in Paris und, wie ich glaube, ein wenig überrascht über die Party im Außenministerium unter einem republikanischen Regime. Ich weiß nicht, ob sie erwartet hatten, die Räume voller Herren in den traditionellen roten Garibaldi-Hemden und Damen in entsprechend schlichter Kleidung vorzufinden.

[Abbildung: Ihre Majestät Königin Victoria, um 1879. Nach einer Fotografie von Chancellor, Dublin.]

Wir sahen sehr viele Engländer am Quai d'Orsay. Königin Victoria verbrachte auf ihrem Weg nach Süden ein oder zwei Nächte in der britischen Botschaft und kam durch Paris. Sie ließ W. kommen, der sie seit seiner Studienzeit in Cambridge nicht mehr gesehen hatte. Er fand sie sehr charmant, sehr locker und an allem interessiert. Sie begann das Gespräch auf Französisch (er wurde mit aller gebotenen Zeremonie als Monsieur le Ministre des Affaires Etrangères vorgestellt) und W. sagte, sie spreche es bemerkenswert gut. Dann sagte sie mit ihrem schönen Lächeln, das ihr ganzes Gesicht erhellte: „Ich glaube, ich kann mit einem Cambridge-Gelehrten Englisch sprechen." Sie interessierte sich sehr für seine Anfänge in England in Rugby und Cambridge und war offensichtlich erstaunt, obwohl sie zu viel Takt besaß, um es zu zeigen, dass er sich entschieden hatte, sein Leben und seine Karriere in Frankreich zu verbringen, anstatt das Angebot seines Cousins Waddington, des damaligen Dekans von Durham, anzunehmen, in England zu bleiben und seine klassischen und literarischen Studien unter seiner Anleitung fortzusetzen. Als das Gespräch vorüber war, fand er den treuen schottischen Diener der Königin, John Brown, der sie immer überallhin begleitete, vor der Tür wartend vor, offensichtlich in der Hoffnung, den Minister zu sehen. Er sprach ein paar Worte mit ihm als Landsmann – W. war Halbschottin – seine Mutter war eine geborene

Chisholm. Sie schüttelten sich die Hände und John Brown bat ihn, nach Schottland zu kommen, wo er einen herzlichen Empfang erhalten würde. W. war sehr erfreut über den Empfang durch die Königin. Lord Lyons erzählte ihm später, dass sie sehr darauf gewartet hatte, ihn zu sehen; später, als sie von dem Gespräch sprach, erzählte sie ihm, dass es sehr schwer war, zu erkennen, dass sie mit einem französischen Minister sprach – alles an ihm war so absolut englisch, seine Figur, seine Hautfarbe und seine Sprache.

Viele alte Schul- und Collegeerlebnisse wurden in diesem Jahr von den verschiedenen Engländern, die durch Paris kamen, wieder wachgerufen. Eines Abends saß ich bei einem großen Abendessen in der britischen Botschaft neben dem Prince of Wales (dem verstorbenen König Edward). Er sagte zu mir: „Heute Abend ist ein alter Freund Ihres Mannes hier, der sich sehr freuen wird, ihn wiederzusehen. Sie haben sich nicht mehr getroffen, seit er sein Schwager in Rugby war." Nach dem Abendessen wurde er mir vorgestellt – Admiral Glynn – ein charmanter Mann, der sagte, seine letzte Erinnerung an W. sei, dass er ihm Toast gemacht und eine ordentliche Ohrfeige bekommen habe, als der Toast ins Feuer fiel und verbrannte. Die beiden Männer unterhielten sich eine Zeit lang im Raucherzimmer und erinnerten sich an alle möglichen Heldentaten aus der Schulzeit. Ein weiterer Schulfreund war Sir Francis Adams, erster Sekretär und „Berater" der britischen Botschaft. Als der Botschafter Urlaub nahm, ersetzte Adams ihn und hatte den Rang und den Titel eines bevollmächtigten Ministers. Er kam jeden Mittwoch, dem Tag des diplomatischen Empfangs, zum Quai d'Orsay, um über Geschäfte zu sprechen. Solange ein Sekretär oder ein Haushaltshilfe im Raum war, sprachen sie auf korrekte Weise Französisch miteinander; sobald sie allein waren, verfielen sie in einfaches und umgangssprachliches Englisch. Wir mochten Adams sehr – wir sahen ihn oft, nicht nur in Paris, sondern auch, als wir zum ersten Mal in der Botschaft in London lebten. Er starb plötzlich in der Schweiz, und W. vermisste ihn sehr. Er war sehr intelligent, ein scharfer Beobachter, war in der ganzen Welt gewesen, und sein Wissen und seine Wertschätzung fremder Länder und Sitten waren für W. oft sehr nützlich.

Wir setzten unsere Abendessen und Empfänge fort, die mich immer interessierten, wir sahen so viele Leute aller Art. Ein Abendessen war für Prinz Alexander von Battenberg, gerade als er begann, das neue Fürstentum Bulgarien in Besitz zu nehmen. Er war einer der schönsten Männer, die ich je gesehen habe – groß, jung, stark. Er schien der Typ des schneidigen jungen Häuptlings zu sein, der in einem neuen unabhängigen Staat Vertrauen erwecken würde. Er sprach nicht mit viel Enthusiasmus über seine Zukunft. Ich frage mich, ob schon damals eine Vorahnung diesen scheinbar brillanten Anfang überschattete! Er redete viel beim Abendessen. Er war gerade aus Rom zurückgekehrt und voller Charme, der sofort ein Band der Sympathie zwischen uns knüpfte. Berichten zufolge hatte er dort sein Herz bei einer jungen Römerin gelassen. Er sprach sicherlich mit einem Anflug von Melancholie von den glücklichen Tagen. Ich schlug vor, er solle heiraten, das würde sein „Exil", wie er es nannte, leichter ertragen. „Ach ja, wenn man wählen könnte." Dann nach einer Pause, mit fast jungenhafter Gereiztheit: „Sie wollen, dass ich Prinzessin X. heirate, aber ich will nicht." „Ist sie hübsch? Wird sie Ihnen in Ihrem neuen Land helfen?" „Ich weiß es nicht. Es ist mir egal. Ich habe sie nie gesehen."

Der arme Kerl, er hatte eine elende Erfahrung. Einige der „Exilanten" waren weniger interessant. Eine Dame bat mich eines Tages, um mein Mitgefühl für ihren Bruder zu gewinnen und seine Sache beim Minister zu vertreten. Er war auf einen Posten berufen worden, den er eigentlich nicht annehmen konnte. Ich zögerte und sagte ihrem Boten, einem der Sekretäre des Außenministeriums, dass es völlig sinnlos sei, dass sie mich bat, einzugreifen. W. würde mich bei seiner Auswahl der Nominierungen nicht sehr wahrscheinlich konsultieren – und tatsächlich wurden die kleinen Ernennungen, Sekretäre, im Allgemeinen in der Kanzlei vorbereitet und folgten der üblichen Routine einer regulären Beförderung. Ein Botschafter war natürlich anders und wurde manchmal völlig außerhalb der Karriere geführt. Die Dame blieb hartnäckig und erschien eines Morgens – eine hübsche, gut gekleidete Femme du Monde, die ich oft getroffen hatte, ohne sie kennenzulernen. Sie stürzte sich sofort auf ihr Thema – die schwache Gesundheit ihres Bruders, der an alle Annehmlichkeiten und die „höhere Zivilisation" Europas gewöhnt war, die die Bücher als „höhere Zivilisation" bezeichnen, und der in der Lage war, gute Dienste an Gerichten und in der Gesellschaft zu leisten, da er jeden kannte. Es war schade, ihn an einen so abgelegenen Ort mit einem schrecklichen Klima zu schicken – jeder Konsulschreiber hätte es auch getan. Ich nahm an, er sei nach Caracas, Südamerika oder einem anderen abgelegenen und ungesunden Teil der Welt geschickt worden, aber als sie einen Moment innehielt, stellte ich fest, dass der junge Mann nach Washington geschickt worden war. Ich war wirklich überrascht und wusste nicht, was ich sofort sagen sollte, als mir die Absurdität der Sache auffiel, und ich antwortete, Washington sei weit weg, vielleicht über den Ozean, aber es gebe Entschädigungen – aber sie nahm ihr Argument wieder auf, so ein unmöglicher Ort, alles so primitiv, ich glaube wirklich, sie dachte, der junge Mann würde in eine Indianersiedlung gehen, alles Squaws und Wigwams und Tomahawks. Ich lehnte jede Einmischung in die Ernennungen des Ministers ab und versicherte ihr, dass ich keinerlei Einfluss hätte, und sie verabschiedete sich sehr eisig von mir. Die Fortsetzung erfuhr ich später – der junge Mann lehnte den Posten als seiner völlig unwürdig ab. Es gab mehrere andere, die bereit und gern bereit waren, ihn anzunehmen, und M. de X. wurde zur Verfügung gestellt.

In diesem Jahr sahen wir auch zum ersten Mal den Großherzog Alexander von Russland (später Kaiser Alexander III., dessen Krönung wir in Moskau besuchten) und die Großherzogin Marie. Prinz Orloff arrangierte das Treffen, da es ihm sehr am Herzen lag, dass der Großherzog mit W. sprechen sollte. Sie waren drei oder vier Tage in Paris und wohnten im Hotel Bristol, wo sie uns empfingen. Er war ein großer, gutaussehender Mann mit blondem Bart und blauen Augen, ganz der nordische Typ. Sie erinnerte sich an ihre Schwester (Königin Alexandra), die nicht ganz so groß war, aber dieselbe anmutige Art und schöne Augen hatte. Der Großherzog sprach viel, hauptsächlich über Politik, mit W. Er äußerte sich sehr zweifelhaft über die Stabilität der Republik und war offensichtlich besorgt über die Möglichkeit einer Generalamnestie, „eine sehr gefährliche Maßnahme, die keine Regierung genehmigen sollte“. W. versicherte ihm, dass es keine Generalamnestie geben würde, aber er schien skeptisch und wiederholte mehrere Male: „Soyez stable, soyez ferme.“ Die Großherzogin sprach mit mir über Paris, die Straßen waren so fröhlich, die Geschäfte so verlockend und alle Menschen so lächelnd und glücklich. Ich nehme an, der Kontrast fiel ihr auf, da sie aus Russland kam, wo die Menschen traurig und lustlos aussehen. Ich war sehr beeindruckt von ihrem traurigen, unterdrückten Blick, als wir zur Krönung in Russland waren – man hörte die Leute nie auf den Straßen lachen oder singen – und doch waren wir dort zu einer Zeit großer nationaler Freude, Vergnügungen aller Art für die Menschen. Ihre Nationalmelodien, die Volkslieder, sind immer von einem Hauch Traurigkeit durchzogen. Wir unterhielten uns auf Französisch, das beide sehr gut sprachen.

Die Wintermonate vergingen schnell genug, und in der politischen Welt herrschte immer wieder Unruhe, wenn neue Maßnahmen diskutiert wurden, die jedermanns Leidenschaft erregten und keine der beiden Seiten zufriedenstellten. Ich besuchte wöchentlich mein eigenes Haus, das nie abgerissen wurde, da ich immer das Gefühl hatte, unser Aufenthalt am Quai d'Orsay würde nicht mehr lange dauern. Eine unserer Kolleginnen, Madame Léon Say, eine intelligente, charmante Frau, nahm die Dinge philosophischer als ich. Ihr Mann war so oft im Büro und wieder weg, dass ihr plötzliche Wohnungswechsel ziemlich gleichgültig waren. Auch sie hielten ihr Haus offen und sie sagte, sie habe in ihren Vorratskammern immer eine Terrine de crise bereit.

Die diplomatischen Ernennungen, insbesondere die Gesandtschaften, waren schwierig. Admiral Pothnau ging nach London. Er war ein sehr galanter Offizier und hatte mit den Engländern auf der Krim gedient – er hatte den Orden des Bath und genau jenes distanzierte, pompöse Auftreten, das den Engländern zusagt. General Chanzy ging nach St. Petersburg. Es war fast immer Tradition, einen Soldaten nach Russland zu schicken. Es gibt so wenig

Verkehr zwischen dem russischen Kaiser und einem Ausländer, selbst einem Botschafter, dass ein gewöhnlicher Diplomat, egal wie intelligent oder erfahren er auch sein mag, nur sehr wenige Gelegenheiten hätte, mit dem Kaiser zu sprechen; wohingegen ein Offizier bei den verschiedenen Paraden und Manövern, die in Russland ständig stattfinden, sicherlich leichter auf ihn zukommen würde. Als wir in Russland waren, war ich so beeindruckt von der immensen Distanz, die die Fürsten von den gewöhnlichen Sterblichen trennte. Sie scheinen wie Halbgötter auf einer anderen Ebene (in Russland meine ich; natürlich verschwinden ihre gottgleichen Eigenschaften, wenn sie nach Paris kommen, leider für sie selbst).

Chanzy war in Russland sehr glücklich und wurde dort außerordentlich gut aufgenommen. Er speiste eines Abends mit uns, als er auf Heimaturlaub war, und war von allem in Russland höchst begeistert – von den Finanzen, der Armee – den Frauen aller Klassen, die so intelligent und patriotisch waren. Er war offensichtlich ganz sous le charme. Als er gegangen war, sagte M. Desprey, der damalige Directeur de la Politique, ein sehr kluger Mann, der viele Botschafter aus allen Hauptstädten Europas hatte kommen und gehen sehen:

"Es ist merkwürdig, dass alle Botschafter, die nach Russland reisen, denselben Eindruck haben. Ich habe noch nie erlebt, dass dieser Eindruck versagt hätte. Es ist die russische Politik, den Botschaftern gegenüber angenehm zu sein – ihnen das Leben möglichst leicht zu machen – ihnen alles Brillante und Interessante zu zeigen – alle Türen (zur Gesellschaft usw.) zu öffnen und alle schmutzigen und hässlichen Fragen in den Hintergrund zu rücken."

St. Vallier blieb in Berlin. Sein Name war als Außenminister im Gespräch, als Dufaure sein Kabinett bildete, aber seine Gesundheit war nicht dafür geeignet – und ich glaube, er war lieber in Berlin. Er kannte Deutschland gut und hatte viele Freunde in Berlin.

W. hatte natürlich sehr viele Männeressen, von denen ich ausgeschlossen war. Ich speiste oft mit einigen meiner Freunde, die nicht der offiziellen Welt angehörten, und ich fragte mich manchmal, ob der Quai d'Orsay und diese Häuser im selben Land liegen könnten. Es war eine völlig andere Welt, jeder Standpunkt war anders, nicht nur politisch – was man erwarten würde, da die gesamte Gesellschaft antirepublikanisch, royalistisch oder bonapartistisch war –, sondern jede diskutierte Frage hatte einen anderen Aspekt. Ein- oder zweimal gab es eine Frage zu Ludwig XIV. und was er in bestimmten Fällen getan hätte – die religiöse Frage war immer eine leidenschaftliche. Darüber diskutierte ich natürlich nie, da ich Protestant war und ganz genau wusste, dass die wirklich glühenden Katholiken denken, Protestanten hätten keine Religion.

Ich war eines Morgens in der Fastenzeit (Karwoche), ich glaube am Donnerstag, mit einer Freundin unterwegs und sagte, ich könne nicht lange unterwegs sein, da ich in die Kirche müsse. Vielleicht würde sie mich an der protestantischen Kapelle in der Avenue de la Grand Armée absetzen. Sie war so erstaunt, dass es fast komisch war, obwohl ich auch ein bisschen wütend war. „Du gehst am Gründonnerstag in die Kirche. Ich wusste nicht, dass Protestanten jemals Fastenzeit, Karwoche oder einen Feiertag einhalten." „Glaubst du, wir gehen nie in die Kirche?" „Oh ja, zu einer Konferenz oder Predigt am Sonntag, aber du bist nicht pratiquant wie wir." Ich war wirklich verärgert und versuchte an einem anderen Tag, als sie bei mir saß, ihr unser Gebetbuch zu zeigen und ihr zu erklären, dass das Glaubensbekenntnis und das Vaterunser, ganz zu schweigen von verschiedenen anderen Gebeten, genau dieselben seien wie in ihrem Livre de Messe, aber ich machte keinen Eindruck auf sie – ihre einzige Bemerkung war: „Ich nehme an, Sie glauben an Gott" –, obwohl sie eine kluge, gebildete Frau war, die sich in der französischen Geschichte gut auskannte und gewusst haben muss, welche Rolle die französischen Protestanten einst in Frankreich spielten, als viele der großen Adligen Protestanten waren.

Jahre später diskutierten wir mit demselben Freund über die geplante Heirat des Herzogs von Clarence, des ältesten Sohns des verstorbenen englischen Königs Edward VII., der unbedingt Prinzessin Hélène d'Orléans, die Tochter des Grafen von Paris, der heutigen Herzogin von Aosta, heiraten wollte. Es war unmöglich, dass der englische Prinz, der Thronfolger, eine katholische Prinzessin heiratete – ebenso unmöglich schien es, dass die französische Prinzessin Protestantin wurde. Der Papst wurde konsultiert und sehr viel Einfluss auf die Frage ausgeübt, aber die katholische Kirche blieb hart. Wir waren zu dieser Zeit in London und hörten natürlich, wie die Frage ausführlich diskutiert wurde. Es war ein interessanter Fall, da die beiden jungen Leute sehr ineinander verliebt waren. Ich sagte zu meinem Freund:

„Wenn ich an der Stelle von Prinzessin Helene wäre, würde ich Protestant werden
. Für die Tochter eines verbannten Prinzen ist es ein großes Versprechen, Königin von England zu werden."

„Aber das war nicht möglich. Keine Katholikin konnte ihre Religion wechseln oder Protestantin werden."

„Dennoch gibt es in Ihrer Geschichte einen Präzedenzfall. Ihr König Heinrich IV., den wir in ehrendem Gedenken an ihn erinnern, ein Protestant, hatte keine Skrupel, sich zum Katholiken zu machen und König von Frankreich zu werden."

„Ah, aber das ist etwas ganz anderes."

„Für dich vielleicht, chère amie, aber nicht für uns."

Der arme junge Prinz starb jedoch plötzlich an einer Lungenentzündung, sodass das Opfer umsonst gewesen wäre.

Der ganze Herbst 1879 war sehr turbulent. Wir waren gezwungen, unseren Aufenthalt in Bourneville, unserem Landhaus, zu verkürzen. Auch wenn die Kammern nicht tagten, waren alle möglichen politischen Intrigen im Gange. Jeden Tag hatte W. einen riesigen Kurierdienst und jeden zweiten Tag kam ein Sekretär vom Quai d'Orsay mit Depeschen und Papieren zum Unterschreiben. Den ganzen Tag kamen Telegramme. W. nahm ein oder zwei Jagdfrühstücke ein und die langen Wanderungen durch die Wälder verschafften ihm Ruhe. Die Gäste waren im Allgemeinen die Honoratioren der Kleinstädte und Dörfer seines Bezirks – Bürgermeister, Bauern und Kleingrundbesitzer. Sie alle sprachen über Politik und W. war überrascht zu sehen, wie in diesem ruhigen landwirtschaftlichen Bezirk das Fieber der Demokratie zugenommen hatte. Normalerweise ist der wohlhabende Bauer sehr konservativ und beäugt die sehr fortschrittlichen Ansichten der jungen Radikalen mit Misstrauen, aber bei ihnen hatte sich eine völlige Veränderung vollzogen. Sie schienen zu glauben, dass die Republik, die endlich auf einer soliden Basis gegründet und von ehrlichen Republikanern unterstützt wurde, nicht nur dem Land, sondern jedem Einzelnen unermesslichen Wohlstand bringen würde, und viele sehr bescheidene, anspruchslose Bürger der Kleinstädte sahen sich als Generalräte, Abgeordnete, vielleicht sogar als Minister. Es war eine merkwürdige Veränderung. Im Großen und Ganzen waren die Menschen in unserem Teil der Welt jedoch vernünftig. Es tat mir leid, in die Stadt zurückzukehren. Ich mochte die letzten schönen Septembertage auf dem Land. Die Bäume begannen sich gerade zu verfärben, und die Ausritte durch die Wälder waren herrlich, die Straßen so weich und federnd. Die Pferde schienen den flotten Galopp genauso zu mögen wie wir. Wir störten das ganze Waldleben, als wir dahingaloppierten – Hasen und Kaninchen huschten davon – wir sahen, wie ihre weißen Schwänze in Löchern verschwanden, und wenn wir ein Stück Ebene überquerten, erhoben sich in weiter Entfernung Rebhühner und flogen in schräger Flugweise über die Felder. Es war so still, wie immer im Wald, dass man die Hufe der Pferde schon von weitem hören konnte. Es wurde kälter (alle Leute vom Land sagten einen sehr kalten Winter voraus) und das Holzfeuer in meinem kleinen Salon sah sehr fröhlich und gemütlich aus, als wir hereinkamen.

Doch alles musste enden, und W. musste sich wieder dem Kampf zuwenden, der lebhaft zu werden versprach. In Paris trafen wir Leute, die Pelze trugen und sich auf einen kalten Winter vorbereiteten. Das Haus am Quai d'Orsay war komfortabel, gut geheizt, Calorifères und große Kamine in allen Zimmern, und wann immer es Sonne gab, strömte sie vom Garten in die

Zimmer. Ich nahm meine offiziellen Nachmittagsempfänge nicht wahr. Die Sitzung hatte noch nicht begonnen, und da es äußerst unwahrscheinlich schien, dass wir im kommenden Jahr noch am Quai d'Orsay sein würden, war es nicht der Mühe wert, diese öde Veranstaltung zu beginnen. Ich war jeden Nachmittag nach fünf zu Hause, trank Tee in meinem kleinen blauen Salon und hatte immer zwei oder drei Leute, die mir Gesellschaft leisteten. Prinz Hohenlohe kam oft, ließ sich mit seiner Tasse Tee in einem Sessel nieder und sprach locker und charmant über alles. Er war gerade aus Deutschland zurückgekommen und berichtete, Bismarck und der Kaiser (ich hätte vielleicht sagen sollen: der Kaiser und Bismarck) seien ziemlich besorgt über die schnellen Fortschritte, die Frankreich in Sachen Radikalismus machte. Er beruhigte sie und sagte ihnen, Grévy sei im Grunde ein Mann des Friedens, und solange gemäßigte Männer wie W., Léon Say und ihre Freunde im Amt blieben, würden die Dinge ruhig verlaufen. „Ja, wenn sie bleiben. Ich habe das Gefühl, wir werden nicht mehr lange bleiben, und laut Bericht wird Freycinet der nächste Premierminister sein." Er hatte offensichtlich denselben Bericht gehört und sprach herzlich von Freycinet – intelligent, energisch und mit einem so präzisen Verstand. Wenn W. zurücktreten müsste, was er persönlich bedauern würde, dachte er, Freycinet sei der kommende Mann – es sei denn, Gambetta wolle Premierminister werden. Er glaubte nicht, dass er das wollte, war noch nicht ganz bereit, aber seine Freunde könnten ihn dazu zwingen, und wenn er es wollte, würde er natürlich der nächste Président du Conseil werden. Er erzählte mir auch sehr viele Dinge, die Blowitz zu ihm gesagt hatte – er hatte eine hohe Meinung von ihm – und sagte, er sei so wunderbar gut über alles informiert, was vor sich ging. Es war merkwürdig zu sehen, wie ein scharfsinniger, kluger Mann wie Fürst Hohenlohe allem, was Blowitz sagte, so viel Bedeutung beimaß. Der Nuntius, Monseigneur Czaski, kam manchmal auch zur Teezeit. Er war ein charmanter Redner, aber ich hatte immer das Gefühl, als würde er genau das sagen, was er meinte und was ich W. gegenüber wiederholen sollte. Bei Italienern bin ich mir nie ganz sicher. Unter ihrem äußerst natürlichen, ziemlich überschwänglichen Benehmen verbirgt sich immer eine gewisse Zurückhaltung. Monseigneur Czaski war kein gebürtiger Italiener – ein Pole, aber ich weiß nicht, ob sie viel mehr Vertrauen erwecken.

X

Das Parlament ist wieder in Paris

Die Frage der Rückkehr des Parlaments nach Paris war nach endlosen Diskussionen endlich gelöst. Alle Republikaner waren dafür und sie hatten die Lage unter Kontrolle. Auch Präsident Grévy wollte es sehr. Wenn die Kammern weiterhin in Versailles tagten, wäre er gezwungen, sich dort niederzulassen, was er nicht wollte. Viele Leute waren sehr unwillig, die Änderung zu akzeptieren, waren ehrlich besorgt wegen möglicher Unruhen auf den Straßen, und obwohl sie auch über den Zeitverlust, die zugigen Waggons des Parlamentszuges usw. murrten, zogen sie diese Unannehmlichkeiten jeder Möglichkeit von Aufständen und Straßenkämpfen und der Invasion der Abgeordnetenkammer durch einen Pariser Mob vor. W. war sehr auf die Änderung bedacht.

Er rechnete nicht im Geringsten mit Schwierigkeiten – sein Hauptgrund, warum er das Parlament zurückhaben wollte, war der Zeitverlust und auch, um die Gespräche im Zug zu vermeiden, die ihn sehr ermüdeten. Er konnte sich nie ohne Anstrengung Gehör verschaffen, da seine Stimme leise war, kein „Timbre" hatte und er seine Nachbarn im Lärm des Zuges nicht sehr gut hörte. Er kam immer in letzter Minute am Bahnhof an und stieg in den letzten Wagen, in der Hoffnung, ungestört zu sein und eine ruhige halbe Stunde mit seinen Papieren zu verbringen, aber er wurde selten allein gelassen. Wenn ihn ein Abgeordneter, der etwas wollte, erkannte, stieg er natürlich in denselben Wagen, denn er wusste, dass er eine halbe Stunde Zeit hatte, um seinen Fall darzulegen, da der Minister ihm nicht entkommen konnte. Nach einem kurzen Urlaub im November trafen sich die Kammern endlich in Paris, und es waren bereits so viele Interpellationen zu jedem möglichen Thema angekündigt, so viel Kritik an der Politik des Kabinetts geäußert worden und so viele Leute wollten die Plätze anderer Leute einnehmen, dass die Sitzung sehr lebhaft zu werden versprach – der Senat im Palais du Luxembourg, die Abgeordneten im Palais Bourbon.

W. und ich fuhren eines Morgens Anfang Oktober nach Luxemburg, um uns die Vorbereitungen für den Senat anzusehen. Er wollte auch seinen Sitz wählen. Ich war seit Jahren nicht mehr tagsüber dort gewesen – ich hatte ein- oder zweimal mit verschiedenen Senatspräsidenten im Petit Palais zu Abend gegessen, aber mein einziger Eindruck war eine sehr lange Fahrt (von der Barrière de l'Etoile, wo wir wohnten) und schöne, hohe Räume mit schweren, vergoldeten Möbeln und Wandteppichen. Der Palast wurde von Maria de' Medici, der Frau von Heinrich IV., erbaut. Nach dem Tod dieses sehr ritterlichen, aber sehr unhäuslichen Monarchen zog sie sich nach Luxemburg zurück und leitete von dort aus als Regentin (ihr Sohn Ludwig XIII. war erst zehn Jahre alt, als sein Vater starb) einige Jahre lang die Politik Frankreichs unter der Führung ihres Favoriten, des Italieners Concini, und seiner Frau.

Der Palast erinnert mit seinem massiven Mauerwerk und seiner eher strengen, schweren Architektur sehr an den Palazzo Pitti in Florenz. Trotz der wunderschönen Gärten mit ihren breiten Alleen und großen Freiflächen muss es eine düstere Residenz gewesen sein. Die Gärten sind steif, sehr italienisch, mit Statuen, Springbrunnen und Marmorbalustraden – nicht viele Blumen, außer direkt um den Palast herum, aber sie waren an diesem Tag von Sonnenschein durchflutet, und der alte graue Haufen schien aus einem Parterre aus leuchtenden Blumen aufzusteigen. Der Palast wurde leicht modernisiert, aber die allgemeine Architektur ist dieselbe geblieben. Seit seiner Erbauung haben viele Menschen aller Art dort gelebt – mehrere königliche Prinzen und Kaiser Napoleon, als er Erster Konsul war. Er ging von dort in die Tuilerien. Der Luxemburger Palast war schon immer mit der Geschichte Frankreichs verbunden. Während der Revolution war es ein Gefängnis, und viele der merkwürdigen Szenen, von denen man aus dieser Zeit liest, spielten sich in diesen alten Mauern ab – die Grandes Dames achteten so sehr auf ihre Kleidung und ihre Manieren, die Grands Seigneurs waren so tapfer und galant und bemühten sich auf jede Weise mit ihrer geistreichen Unterhaltung und ihrer Musik (denn sie sangen und spielten während dieser ganzen schrecklichen Zeit in den Gefängnissen), die Frauen abzulenken und sie das schreckliche Schicksal vergessen zu lassen, das über ihnen schwebte. Viele bekannte Leute gingen direkt vom Palast aufs Schafott. Es schien ein passender Ort für die Sitzungen des Senats und die Beratungen einer ausgewählten Gruppe von Männern zu sein, von denen man annahm, dass sie ein reiferes Urteil und mehr Erfahrung in die Diskussion aller brennenden Fragen des Tages einbringen würden als die leidenschaftlichen jungen Abgeordneten, die so begierig darauf waren, alles hinter sich zu lassen, was mit dem alten Regime zusammenhing, und neu anzufangen.

Nachdem wir das Schloss besichtigt hatten, spazierten wir durch die Gärten, die an diesem hellen Oktobermorgen bezaubernd waren – die Sonne war wirklich zu stark. Wir fanden eine Bank im Schatten und saßen dort sehr glücklich, während W. rauchte und sich fragte, was uns die nächste Radumdrehung bringen würde. Sehr viele Leute gingen umher und saßen unter den Bäumen. Es war ein ganz anderes Publikum als das, was man sonst irgendwo sah, viele Studenten beiderlei Geschlechts trugen Bücher, kleine Staffeleien und Campingstühle – einige der Männer waren so offensichtlich Bohemiens, mit langen Haaren, geschwungenem Schnurrbart und weichem Filzhut – ganz der Typ, den man auf den Bildern oder in den Stücken von „La Vie de Bohême" sieht. Ihre Begleiterinnen sahen sehr gepflegt und adrett aus, meist schwarz gekleidet, ihre Kleidung saß äußerst gut – die meisten von ihnen barhäuptig, aber einige trugen Hüte der einfachsten Art – keine der prahlerischen Federn und leuchtenden Blumen, die man auf den Boulevards sieht. Sie sind ein eigener Typ, die modernen Grisettes, so ruhig und wohlerzogen, dass sie fast respektabel sind. Man hört immer, dass es das Quartier Latin nicht mehr gibt – die Studenten sind ernster, weniger turbulent, und dass die fleißige kleine Grisette, die mit ihrem einfachen Leben und Vergnügen ganz zufrieden ist, zur Tänzerin der Varietés und Barrière-Theater verkommen ist. Das glaube ich nicht. Eine bestimmte Klasse junger, mittelloser Studenten wird immer in diesem Viertel leben und sich immer amüsieren, und sie werden auch immer Mädchen finden, die bereit und glücklich sind, das Leben ein wenig zu genießen, solange sie jung genug sind, um in der Gegenwart zu leben und sich keine Sorgen um die Zukunft machen müssen. Kinder spielten in den Gassen und weiten, offenen Plätzen herum und kletterten auf die Brunnen, wenn die Gartenwächter nicht in der Nähe waren – ihre Kindermädchen saßen in einer sonnigen Ecke und arbeiteten. Es war eine ganz andere Welt, weder die Champs-Elysées noch Montmartre. Alle machten einen vollkommen anständigen Eindruck, und die Paare, die in äußerst liebevoller Haltung auf den abseits gelegenen Bänken saßen, waren zu sehr mit einander beschäftigt, als dass sie den Passanten Beachtung schenkten.

Ich bin danach noch mehrmals dorthin zurückgekehrt und habe Francis mitgenommen, und es war merkwürdig, wie weit weg man sich fühlte. Paris, unser Paris, konnte meilenweit entfernt sein. Ich lernte einige der Stammgäste recht gut kennen – einen weißhaarigen alten Herrn, der immer Brot für die Vögel mitbrachte; sie kannten ihn perfekt und flatterten auf den Platz, sobald er auftauchte – einen hübschen jungen Mann mit einem tragischen Gesicht, immer allein, der auf und ab ging und murmelnd und mit sich selbst sprechend – er könnte ein Anwärter für das Odéon oder eines der Theater in der Nachbarschaft gewesen sein – einen lahmen Mann auf Krücken, ein Kind, das neben ihm ging und wehmütig auf die herumspielenden Kinder blickte, sich aber nicht traute, seine Obhut zu verlassen – Gruppen von Studenten, die auf dem Weg zur Sorbonne durch die Gärten eilten, ihre schwarzen Lederservietten unter den Armen – immer überall Paare. Ich glaube nicht, dass es viele Ausländer oder Touristen gab – ich hörte nie etwas anderes als Französisch sprechen. Sogar der schäbigste alte Bettler am Tor, der Schnürsenkel verkaufte, lernte uns kennen und rannte los, um uns die Wagentür zu öffnen.

So widersprüchlich die menschliche Natur ist, manche würden sagen, die weibliche Natur, so begann ich es jetzt, da ich spürte, dass ich nicht mehr lange am Rive Gauche leben würde, ganz zu mögen. Das Leben war so ruhig und erholsam in diesen langen, engen Straßen, in manchen wuchs sogar Gras auf dem Bürgersteig – keine Straßenbahnen, keine Omnibusse, sehr wenig Vorbeifahren, gelegentlich sah man große Häuser, die weit von der Straße entfernt standen, einen großen Hof vorn und einen Garten hinten – das klassische Faubourg St. Germain Hotel entre cour et jardin. Ich ging manchmal mit einer Freundin zum Tee, die in einem großen, altmodischen Haus in der Rue de Varenne lebte. Sie wohnte im vierten Stock – man ging eine breite, kahle, kalte Steintreppe hinauf (die mich immer an einige der Treppen in den römischen Palästen erinnerte). Ihre Zimmer waren groß, mit sehr hohen Decken, sehr wenig Möbeln darin, sehr wenig Feuer im Winter, schöne alte Familienporträts an den Wänden, aber aus den Fenstern sah man auf einen schönen Garten hinunter, in dem die Sonne schien und die Vögel den ganzen Tag sangen. Es war wie auf dem Land, so außergewöhnlich ruhig. Ein sehr respektabler Diener in einer altmodischen braunen Livree mit vielen Messingknöpfen, der so alt aussah wie das Haus selbst und als wäre er ein Teil davon, öffnete immer die Tür. Ihr Mann war ein Literat, der an der Sorbonne und am Collège de France Konferenzen abhielt, und sie lebten ausschließlich in diesem Viertel – kamen sehr selten in unseren Teil von Paris. Er war ein alter Freund von W., und sie kamen manchmal, um mit uns zu speisen. Er bedauerte, dass W. ins Außenministerium gegangen war – er dachte, dass die öffentliche Bildung viel mehr seinem Geschmack und seinen Gewohnheiten entsprach. Sie hatte eine englische Großmutter, konnte recht gut Englisch und las englische Kritiken und Zeitungen. Sie hatte einmal Königin Victoria gesehen und war sehr interessiert an allem, was sie betraf. Königin Victoria hatte in Frankreich ein großes Ansehen. Die Leute bewunderten nicht nur die weise Herrscherin, die so viele Veränderungen erfolgreich überstanden hatte, sondern auch das Leben der schönen Frau als Ehefrau und Mutter. Selbst Menschen, die England als Nation nicht wohlgesonnen waren, sprachen immer mit größtem Respekt von ihr.

Ein weiterer meiner Lieblingsplätze war das Kloster und Maison de Santé der Soeurs Augustines du Saint Coeur de Marie in der Rue de la Santé. Es war merkwürdig, aus der breiten, geschäftigen, bevölkerten Allee, die von Straßenbahnen, Omnibussen und Lastwagen gesäumt war, in die enge, ruhige Straße einzubiegen, die nur aus Steinmauern und großen Türen zu bestehen schien. In der Straße gab es ein weiteres Krankenhaus und ein Gefängnis, was ihr natürlich ein ziemlich düsteres Aussehen verlieh, aber sobald man den Hof des Klosters betrat, erlebte man eine völlige Verwandlung. Man befand sich in einem großen, quadratischen, offenen Hof mit Arkaden und Gebäuden rundherum – die Kapelle direkt gegenüber dem Eingang. Auf der einen Seite des Hofes befanden sich die Zimmer für die Patienten, auf der anderen hübsche Zimmer und kleine Wohnungen, die an Invaliden oder alte Damen vermietet wurden und die auf einen Garten hinausgingen, eigentlich einen Park von 13 oder 14 Morgen. Die Türen waren immer offen und man hatte eine schöne Aussicht auf grüne Felder und Bäume. Sobald man den Hof betrat, spürte man die Atmosphäre des Friedens und der Fröhlichkeit, obwohl es ein Krankenhaus war. Die Nonnen sahen alle glücklich und

lächelnd aus – das tun sie immer, und ich frage mich immer, warum. Das
Leben in einem Kloster erscheint mir so eng und eintönig und
unbefriedigend, es sei denn, man ist in einem Kloster aufgewachsen und
kennt das Leben nur, was die Lehrer erzählen.

Ich habe eine Freundin, die mich immer wieder in Erstaunen versetzt – eine
sehr kluge, kultivierte Frau, nicht mehr ganz jung, verheiratet mit einem
charmanten Mann, an das Leben im weitesten Sinne gewöhnt. Sie war zutiefst
unglücklich, als ihr Mann starb, aber nach einiger Zeit nahm sie ihr Leben
wieder auf und schien Interesse und Freude an den Dingen zu finden, die sie
gemeinsam getan hatten. Plötzlich verkündete sie ihre Absicht, Nonne zu
werden – verkaufte ihr Haus und ihren schönen Garten, in dem sie so viele
glückliche Stunden mit ihren Blumen und Vögeln verbracht hatte, verteilte
ihre hübschen Sachen unter ihren Freundinnen und nahm all die kleinen
Strapazen des strengen Klosterlebens in Kauf – kein Bad, kein Spiegel, grobe
Unterwäsche und Laken – kein Feuer, kein Licht, keine Privatsphäre, die
regelmäßige, lästige Routine des Nonnenlebens, und ist vollkommen
glücklich – vermisst nie die intellektuelle Kameradschaft und die
Vornehmheit und Annehmlichkeiten ihres früheren Lebens – mag den
alltäglichen Ablauf des Klosters – die Bücher, die sie sich zur „Erholung"
gegenseitig vorlesen, einfache Geschichten, die man einem zwölf- oder
vierzehnjährigen Kind kaum auftischen würde – die Feste am Geburtstag der
„Mutter", wenn die Nonnen einen Kuchen backen und der Mutter einen
Rosenkranz auf den Kopf setzen.

Die Soeurs Augustines führen ein sehr glückliches Leben, sehen aber viel
mehr von der Außenwelt. Sie haben immer Patienten im Krankenhaus und
Leute in den Wohnungen, die stark nachgefragt sind. Die Pflege und
Betreuung ist sehr gut. Die Damen fühlen sich sehr wohl und empfangen
nachmittags zu festgelegten Zeiten so viele Besucher, wie sie möchten, und
die Zimmer sind mit ihren weißen Wänden und Möbeln sehr verlockend und
peinlich sauber. Die Küche ist sehr gut, alles wird sehr köstlich serviert. Den
ganzen Tag sah man Gestalten in schwarzen Gewändern ruhig über den Hof
gehen, die alle möglichen Krankenutensilien trugen – Kissen, Decken,
Tassen mit Brühe – aber es war nie ein Geräusch zu hören – kein Laut von
Reden oder Lachen. Wenn sie sprachen, waren die Stimmen leise, wie bei
Leuten, die an ein Krankenzimmer gewöhnt sind. Außer den Ärzten
natürlich und Besuchern zu festgelegten Zeiten war es keinen Männern
gestattet, ins Kloster zu kommen.

Ich verbrachte dort im Frühjahr viele Tage, da C. für einige Wochen wegen
einer kleinen Operation dort war. Sie hatte ein hübsches Zimmer und ein
Ankleidezimmer mit Fenstern, die auf einen Garten oder eher einen
Bauernhof hinausgingen, denn die Schwestern hatten ihre Kühe und Hühner.
Manchmal sahen wir abends eine der Schwestern, die ihren schwarzen Rock

hochgesteckt und eine blaue Schürze darüber trug und die Kühe in ihre Ställe zurückbrachte. Kein Mann durfte ein Zimmer im Haus haben. F. wollte nachts unbedingt bei seiner Frau sein, da er ein vielbeschäftigter Mann war und den ganzen Tag unterwegs, und ich versuchte, ein Zimmer für ihn zu bekommen, aber die Oberin, eine entzückende alte Dame, wollte nichts davon hören. In der Nacht vor und in der Nacht nach der Operation durfte er jedoch bei ihr bleiben – es wurde kein zusätzliches Bett in das Zimmer gestellt – er schlief auf dem Sofa.

Wenn C. schlief oder müde war, nahm ich oft mein Buch und machte es mir im Garten gemütlich. Paris mochte meilenweit entfernt sein, obwohl nur wenige Meter entfernt ein belebter, überfüllter Boulevard war, aber kein Lärm schien durch die dicken Mauern zu dringen. Gelegentlich sah ich am Ende eines ruhigen Weges eine schwarze Gestalt auf und ab gehen, die Augen auf ein Brevier gerichtet. Ein- oder zweimal sah ich eine Jardiniere mit einem großen, flachen Strohhut über ihrer Frisur und ihrem Schleier, die die Blumen pflegte (es gab nicht viele) oder den Rasen jätete, manchmal saßen Genesende oder alte Damen in Sesseln unter den Bäumen, aber es war nie ein Geräusch von Stimmen oder Leben zu hören. Es war sehr erholsam (wenn man das Gefühl hatte, man könnte für eine Weile weg), aber ich glaube, die absolute Ruhe und Monotonie würde einen langweilen, und der „Ruf der Welt“ – die kämpfende, lebendige, freudige Welt außerhalb der Mauern – wäre eine unwiderstehliche Versuchung.

Ich ging morgens viel in meinem Viertel umher und lernte viele merkwürdige kleine alte Plätze und Läden, Mercerie-Läden, Blumen- und Spielzeugläden kennen, die noch nicht von den riesigen Einrichtungen wie dem Louvre, dem Bon Marché und den großen Basaren verschluckt worden waren. Ich weiß nicht, wie sie existierten; es war nie jemand in den Läden, und natürlich war ihre Auswahl begrenzt, aber sie waren so dankbar, ihre Sachen waren so viel billiger, und sie waren so darauf erpicht, alles zu bekommen, was man wollte, dass es ein Vergnügen war, mit ihnen Geschäfte zu machen. Dort war alles viel billiger – Blumen, Kuchen, Schreibpapier, Mieten, Dienstbotenlöhne, Stallausstattung, Pferdefutter. Einmal kauften wir ein paar Spielsachen für einen unserer Weihnachtsbäume auf dem Land von einer armen alten lahmen Frau, die einen winzigen Laden in einer der kleinen Straßen hatte, die von der Rue du Bac abgingen. Ihr Enkel, ein Junge von etwa zwölf oder vierzehn Jahren, half ihr im Laden, und sie waren so erfreut und aufgeregt über eine so große Bestellung, dass sie ganz verwirrt waren. Wir bekamen, was wir wollten, aber es brauchte Zeit und Geduld – ihr Angebot war klein und nicht abwechslungsreich. Wir mussten Stück für Stück auswählen – Pferde, Puppen, Trommeln usw. – und das Aufschreiben der Artikel und das Zusammenstellen der Ergänzungen war langwierig und anstrengend. Ich hatte vor, nach dem Verlassen des Quai d'Orsay zurückzukehren, aber ich tat es nie, und ich fürchte, die arme alte Frau mit ihrem Kleinhandel teilte das Schicksal aller anderen und konnte sich gegen die großen Geschäfte nicht behaupten.

Beim Einkaufen wird man faul. In den ersten Jahren, als wir auf dem Land lebten, gingen wir für unsere Weihnachtseinkäufe immer selbst in die großen Geschäfte und Basare in Paris, aber die Hitze, das Gedränge und das Warten waren so ermüdend, dass wir schließlich mit der Frau, die in der kleinen Stadt La Ferté-Milon Spielzeug verkaufte, Vereinbarungen trafen. Sie fuhr nach Paris und brachte Muster aller neuen Spielzeuge mit. Eines Nachmittags gingen wir in die Stadt – alle Spielzeuge waren auf Tischen in ihrem kleinen Salon im hinteren Teil des Ladens ausgebreitet (ihr kleines Mädchen kümmerte sich um die Kunden, die vor Neugier platzten, warum unser Wagen so lange vor der Tür wartete) und wir trafen unsere Auswahl. Sie war uns eine große Hilfe, da sie alle Kinder kannte, ihr Alter und ihre Wünsche kannte. Sie war sehr erfreut, den Auftrag auszuführen – es machte sie in der Stadt wichtig, da die großen Kisten aus Paris an sie adressiert kamen, und sie bezahlte ihre Reise und machte einen sehr guten Gewinn, indem sie für jeden Artikel zwei oder drei Sous mehr verlangte. Wir waren durchaus bereit, die paar Francs mehr zu zahlen, um uns die Mühe eines langen Einkaufstages in Paris zu ersparen. Außerdem war damit eine weitere schwierige Frage geklärt: Was sollte man in einer kleinen Landstadt kaufen? Nachdem wir beim Metzger, beim Bäcker und in den kleinen Lebensmittelgeschäften alles hatten, gab es nicht mehr viel zu kaufen.

Seit Beginn meines Lebens auf dem Land wollte W. immer, dass ich so viel wie möglich in der Stadt kaufe, und ich war oft verwirrt. Jetzt haben sich die Geschäfte in allen kleinen Landstädten verbessert. Sie haben ihre Sachen direkt aus Paris, mit sehr guten Katalogen, so dass man ziemlich gut bestellen kann. Die Sachen sind natürlich teurer, aber ich denke, es ist richtig, den Menschen auf dem Land zu helfen, so gut man kann. In einem kalten Winter in Bourneville, als unser Haus voller Leute war, gab es plötzlich eine Nachfrage nach Decken. Ich dachte, meine „Unterwäsche" wäre ziemlich gut gefüllt, aber ein Herr wollte vier Decken auf seinem Bett, drei über sich und eine unter dem Laken. Ein Paar wollte dasselbe, nur eine mehr, eine Decke für einen großen Sessel neben dem Kamin. Ich ging nach La Ferté, um zu sehen, was ich finden konnte – nirgends weiße Decken – einige ziemlich schöne rote – und jede Menge der steifen (überhaupt nicht warmen) grauen Decken, die sie den Soldaten geben. Die kamen natürlich nicht in Frage, aber ich nahm drei oder vier rote, die natürlich nicht in die Gästezimmer durften, sondern auf den Betten der Familie verteilt wurden, während die weißen an die Freunde gingen. Nach dieser Erfahrung hatte ich immer einen Vorrat an Decken, aber so viele wurden nie wieder von mir verlangt. Wenn man auf dem Land lebt und ständig Leute im Haus hat, bekommt man einen guten

Einblick in die Lebensweise anderer Leute und in ihre Lebensbedürfnisse. Ich dachte, unser Haus sei ziemlich gut ausgestattet. Wir waren eine große Familie und hatten alles, was wir wollten, aber einige der Anforderungen waren merkwürdig und variierten natürlich je nach Nationalität.

Die Kammern trafen sich Ende November in Paris und bezogen ihre jeweiligen Häuser ohne die geringste Störung irgendeiner Art. Bis zum letzten Moment waren einige Leute nervös und sagten alle möglichen Schwierigkeiten und Komplikationen voraus. Wir verbrachten den Toussaint mit einigen Freunden auf dem Land, und ihre Zukunftsaussichten waren so düster, dass es fast ansteckend war. Eines Nachmittags, als wir uns nach einem schönen Jagdtag alle im Salon zum Tee versammelten, war die Unterhaltung (im Allgemeinen rückblickend) so melancholisch, dass sie mich ziemlich beeindruckte: „Der Anfang vom Ende – die schuldhafte Schwäche der Regierung und der gemäßigten Männer, die völlig den Radikalen nachgeben, eine Einladung an den Pariser Pöbel, die Sitzungen der Kammern zu stören", und eine Reihe ähnlicher Bemerkungen.

Es wäre komisch gewesen, wenn man nicht gespürt hätte, dass die Redner es wirklich ernst meinten und besorgt waren. Aber es geschah nichts. In den ersten Tagen war eine kleine, vollkommen ruhige, wohlerzogene Menge im Palais Bourbon, außerdem eine sehr starke Polizeitruppe, aber ich glaube, das lag mehr an der Neugier und der Neuheit, Abgeordnete wieder im Palais Bourbon zu sehen, als an irgendeinem anderen Grund. Wenn es draußen ruhig war, konnte man das von drinnen im Saal nicht sagen. Der Kampf begann sofort hitzig. Reden und Interpellationen und Angriffe auf die Regierung waren an der Tagesordnung. Die verschiedenen Mitglieder des Kabinetts gaben Erklärungen ab, in denen sie ihre Politik erläuterten, aber anscheinend hatten sie niemanden auf beiden Seiten zufriedengestellt, und es war offensichtlich, dass der Saal nicht nur unzufrieden, sondern aktiv feindselig war.

W. und seine Freunde waren sehr entmutigt und angewidert. Sie waren in Sachen Zugeständnisse so weit gegangen, wie sie konnten. W. jedenfalls würde nichts mehr tun, und es war klar, dass die Kammer den ersten Vorwand ergreifen würde, um das Ministerium zu stürzen. W. sah Grévy sehr oft. Er war gegen jede Veränderung, wollte nicht, dass W. ging, sagte, seine Anwesenheit im Außenministerium verleihe Europa Vertrauen – vielleicht könnte er im Außenministerium bleiben und als Ministerpräsident zurücktreten, aber das würde er natürlich nicht tun. Er hatte die ganze Sache wirklich satt.

Grévy war ein überzeugter Republikaner, aber ein altmodischer Republikaner – nicht im Geringsten enthusiastisch, eher skeptisch –, der überhaupt nicht die ideale Republik sah, von der die jüngeren Männer träumten – wo alle

Menschen gleich waren – und nichts als Ehrlichkeit und wahrer Patriotismus die vorherrschenden Motive waren. Ich weiß nicht, ob er so weit ging wie ein bekannter Diplomat, Fürst Metternich, glaube ich, der sagte, er sei des Wortes fraternité so überdrüssig, dass er, wenn er einen Bruder hätte, ihn „Cousin" nennen würde. Grévy war sicherlich sehr ungern bereit, die Dinge in die Hände der fortgeschritteneren Linken fallen zu lassen. Ich glaube nicht, dass er etwas hätte tun können – man sagt, kein verfassungsmäßiger Präsident (oder König) könne das.

Es herrschte eine große Rivalität zwischen ihm und Gambetta. Beide Männer hatten eine so starke Position in der Republikanischen Partei, dass es schade war, dass sie sich nicht verstehen konnten. Ich nehme an, sie waren zu unähnlich – Gambetta lebte in einer Atmosphäre der Schmeichelei und Bewunderung. Es hätte ihm durchaus den Kopf verdreht werden können – alle seine Vertrauten lagen ihm zu Füßen, hingen an seinen Lippen und stellten ihn als hervorragenden Patrioten in den Schatten. Grévys Gefolge war viel ruhiger, erkannte seine großen Fähigkeiten und seinen scharfen juristischen Verstand an, war nicht so enthusiastisch, wollte aber immer seine Meinung hören und verließ sich stark auf sein Urteil. Es gab natürlich alle möglichen Treffen und Gespräche in unserem Haus mit Léon Say, Jules Ferry, Casimir Périer und anderen. St. Vallier kam aus Berlin, wo er noch Botschafter war. Er war sehr besorgt über die Lage in Frankreich – sagte, Bismarck sei sehr besorgt über den großen Schritt, den die Radikalen im neuen Parlament gemacht hatten – und hatte Angst, die Gemäßigten würden sich nicht blicken lassen. *Ich* glaube, er war zufrieden und hoffte, dass eine Abfolge unfähiger Ministerien und interner Streitigkeiten Frankreich noch mehr schwächen und es daran hindern würde, seinen Platz als Großmacht wieder einzunehmen. Er war kein großzügiger Sieger.

Solange W. im Außenministerium war, lief alles sehr reibungslos. Er und St. Vallier waren sich in den meisten Fragen, der Innenpolitik und der Außenpolitik, einig – und seit dem Berliner Kongress, bei dem W. mit allen wichtigen Männern Deutschlands in Kontakt gekommen war, war es für sie natürlich viel einfacher, zusammenzuarbeiten. Wir aßen normalerweise sonntagabends mit meiner Mutter zu Abend – besonders zu dieser Jahreszeit, wenn die offiziellen Bankette noch nicht begonnen hatten und wir sonntags frei hatten. Die Abende waren immer interessant, da wir so viele Leute sahen, immer Engländer und Amerikaner, und eigentlich alle Nationalitäten. Wir hatten so viel im Ausland gelebt, dass wir Leute aus der ganzen Welt kannten – es war eine Abwechslung zu der ewigen Politik und dem „Fachgespräch", das wir überall sonst hörten. Einige von ihnen, besonders Engländer (ich glaube nicht, dass sich die Amerikaner viel für Außenpolitik interessierten), waren sehr interessiert und neugierig auf das, was vor sich ging, und den wahrscheinlichen Sturz des Kabinetts. Eine englische Dame sagte zu mir:

„Wie schrecklich wird es für Sie sein, wenn Ihr Mann nicht mehr Minister ist; Ihr Leben wird so langweilig sein und Sie werden so viel weniger wichtig sein." Der letzte Teil des Satzes war zweifellos wahr – die Frau eines jeden Beamten hat in Frankreich eine gewisse Bedeutung, und wenn Ihr Mann Außenminister und Premierminister war, fällt man von einer gewissen Höhe, aber den ersten Teil konnte ich nicht akzeptieren, dass mein Leben zwangsläufig langweilig sein würde, weil ich nicht mehr das war, was einer meiner Freunde in Italien sagte, wenn er von der Frau eines Ministers sprach, eine donna publica. Ich begann zu erklären, dass ich tatsächlich ein gewisses Interesse an einem Leben außerhalb der Politik hatte, aber sie war von der Wahrheit ihrer Beobachtung so überzeugt, dass es völlig sinnlos war, das Gespräch fortzusetzen, und es war mir natürlich egal. Eine andere, diesmal eine Amerikanerin, sagte zu mir: „Ich hoffe, es macht Ihnen nichts aus, dass ich Sie seit Ihrer Hochzeit nie mehr besucht habe, aber ich konnte mich nie an Ihren Namen erinnern; ich wusste nur, dass er mit W. anfängt und man ihn sehr oft in den Zeitungen sieht."

Arthur Sullivan, der englische Komponist, war eines Abends dort. Er war nach Paris gekommen, um eine seiner Symphonien im Conservatoire zu hören, und war sehr erfreut darüber, wie sie von dem sehr kritischen Publikum aufgenommen wurde. Er war ziemlich überrascht, dass die Pariser so enthusiastisch waren – er hatte immer gehört, dass die Pariser Salle so kalt sei.

Miss Kellogg, die amerikanische Primadonna, war an diesem Abend auch da, und wir machten viel Musik, sie sang und Sullivan begleitete auswendig. Mrs. Freeman, die Frau eines der englischen Sekretäre, erzählte W., dass Königin Victoria ihr Gespräch mit ihm so genossen habe – „ganz so, als würde ich mit einem meiner eigenen Minister sprechen." Sie hatte Grévy ziemlich steif und zurückhaltend gefunden – sagte, ihre Unterhaltung sei absolut banal gewesen. Sie sprachen Französisch, und da Grévy weder England noch die Engländer kannte, konnte das Gespräch nicht interessant gewesen sein.

Wir haben im letzten Monat sehr viele Leute gesehen, die mit all unseren Kollegen des diplomatischen Korps zu Abend gegessen haben. Sie waren bereits Abschiedsdinner, da jeden Tag in den Zeitungen der Fall des Ministeriums angekündigt und die Namen der neuen Minister veröffentlicht wurden. Ich glaube, die Diplomaten waren traurig, W. gehen zu sehen, aber natürlich konnten sie sich nicht sehr stark zu diesem Thema äußern. Ihre Aufgabe ist es, mit allen Außenministern auf gutem Fuß zu stehen und so viel wie möglich aus ihnen herauszuholen. Sie sind, mit wenigen Ausnahmen, Durchzügler und kümmern sich nicht viel um Kabinettswechsel. Sie waren jedoch alle sehr höflich, nicht zu weitschweifig, und man hatte den Eindruck, dass sie unserem Nachfolger und dessen Nachfolger gegenüber genauso höflich sein würden. Es muss so sein; es gibt keinen Beruf, der so absolut banal ist wie der Diplomat. Alle Diplomaten, vom Botschafter bis zum jüngsten Sekretär, müssen ihren Anweisungen Folge leisten. Und wenn ein Botschafter aus Versehen die Initiative ergreift und seine Anwesenheit vor Ort und die Kenntnis des Charakters der Menschen ausnutzt, wird er umgehend von seinem Vorgesetzten verstoßen.

Ich war sehr philosophisch geworden, war bereit zu gehen oder zu bleiben, kümmerte mich nicht mehr um den Kampf und die Angriffe auf W., die zwar nicht sehr bösartig, aber so absurd waren, dass niemand, der ihn kannte, ihnen die geringste Bedeutung beimessen konnte. Ihm war das völlig egal. Er war immer Protestant gewesen, hatte einen englischen Namen und war in England erzogen worden, daher berührte ihn die Wiederholung dieser Tatsachen, die stark übertrieben waren und zu dem Schluss führten, dass er aufgrund seiner Geburt und Erziehung kein überzeugter französischer Republikaner sein konnte, nicht sehr. Er hatte mir immer einen Winter in Italien versprochen, wenn er sein Amt niederlegte. Er war nie in Rom gewesen, und ich freute mich über die Aussicht, dieses schöne Land wiederzusehen, mit blauem Himmel, strahlender Sonne und lächelnden Gesichtern.

Wir speisten oft mit ML, W.s Onkel, der uns über alles (und es war wenig) auf dem Laufenden hielt, was im Lager der Royalisten vor sich ging, aber das war nicht wichtig. Die fortschrittlichen Republikaner machten alles nach ihrem Willen, und es war offensichtlich, dass die Tage der versöhnlichen Maßnahmen und gemäßigten Männer vorbei waren. W. war kein Clubmensch, ging sehr selten in seinen Club, aber sein Onkel ging jeden Nachmittag vor dem Abendessen und erzählte uns alle Potins (Klatsch) dieser Welt, die der Republik gegenüber sehr feindlich eingestellt war und immer noch fest davon überzeugt war, dass sie an die Reihe kommen würden. Sein Onkel war nicht dieser Meinung. Er war ein sehr kluger Mann, ein Diplomat, der an vielen Orten gelebt und viele Leute gekannt hatte, und er stand ganz auf der Seite der Royalisten, aber er dachte, ihre Sache sei verloren, zumindest für eine Zeit. Er bat oft einige seiner Freunde, uns beim Abendessen zu treffen, sagte, es sei eine gute Sache für W. zu hören, was die Männer auf der anderen Seite dachten, und W. war sehr erfreut, sie kennenzulernen. Sie waren alle politisch absolut gegen ihn, und manchmal kam es zu hitzigen Diskussionen, aber es ging nie um persönliche Belange – alle waren Weltmänner, die in ihrem Leben viele Veränderungen in Frankreich erlebt hatten; viele hatten unter den früheren Regimen eine politische Rolle gespielt. Mir schien, sie unterschätzten die Intelligenz und die Stärke der Republikanischen Partei.

Einer der Stammgäste war der Marquis de N., ein charmanter Mann, ziemlich aufgeschlossen (in Anbetracht der Atmosphäre, in der er lebte) und äußerst skeptisch. Er war ein guter Freund von Marschall Mac-Mahon und war

Präfekt in Pau gewesen, wo er eine hohe Stellung innehatte. Er war sehr diktatorisch, sehr freimütig, aber sehr beliebt, insbesondere bei der englischen Kolonie, die dort in der Jagdsaison groß ist. Er hatte sich bereit erklärt, eines Abends bei einer englischen Familie zu Abend zu essen, die in einer Villa etwas außerhalb der Stadt lebte. Sie hatten unterwegs einen Unfall, der sie sehr aufhielt, und als er und die Marquise ankamen, saß die Gesellschaft schon bei Tisch. Er ließ sofort seine Kutsche zurückrufen und verließ das Haus trotz aller Erklärungen und Entschuldigungen seines Gastgebers und sagte, wenn man „die Ehre habe, den Marquis de N. zu empfangen, dann warte man auf ihn zum Abendessen."

Wir sahen ihn immer sehr oft, da seine Tochter den Comte de F. heiratete, der einige Zeit in W.s Kabinett am Quai d'Orsay war und später die zehn Jahre bei uns in der Londoner Botschaft verbrachte, wo sie fest zur Familie gehörten. Sie waren beide perfekt für das diplomatische Leben geeignet, insbesondere in England. Beide sprachen gut Englisch, kannten jeden und erinnerten sich an alle Gesichter und Namen, was in England, wo die Namen und Titel so oft wechseln, keine leichte Sache ist. Ich kenne mehrere Engländerinnen, die vier verschiedene Namen hatten. Lady Holland war auch eine Freundin von „Onkel Alphonse" und speiste oft dort. Sie sah zierlich aus, war in allgemeinen Gesprächen eher ruhig, obwohl sie problemlos Französisch sprach, war aber interessant, wenn sie mit ein oder zwei Leuten sprach. In den ersten Jahren, in denen wir in der Botschaft waren, besuchten wir oft ihr schönes Haus in London und trafen immer interessante Leute. Ihr Salon war sehr kosmopolitisch – jeder, der nach London kam, wollte ins Holland House, ein Museum voller schöner Dinge.

Eine andere Dame, die oft bei meinem Onkel war, war ein ganz anderer Typ, Mademoiselle A., eine alte Schülerin des Konservatoriums, die viele Jahre zuvor eine kurze Karriere an der Comédie Française gemacht hatte. Sie war wirklich bezaubernd, und ihre Geschichten über die Kulissen und Jalousien zwischen den Autoren und den Schauspielern, insbesondere den Stars (die kaum die geringste Bemerkung des Autors des Stücks akzeptierten), waren höchst amüsant. Sobald das Stück angenommen war, ging es in den Bereich des Theaters über, und die Schauspieler fühlten sich frei, die Rollen nach ihren Vorstellungen und Traditionen zu interpretieren. Sie hatte eine perfekte Diktion; es war eine Freude, ihr zuzuhören. Eines Abends rezitierte sie einen von Alphonse Daudets kleinen Erzählungen, „Lettres de Mon Moulin", glaube ich, und begann mit „Qui n'a pas vu Avignon du temps des Papes n'a rien vu". Man konnte nichts Bezaubernderes hören, mit einer perfekt ausgebildeten Stimme und so leicht und natürlich vorgetragen.

Ich nehme an, dass sich heutzutage niemand mehr etwas anhören würde. Bridge hat jede Unterhaltung, Musik oder künstlerischen Genuss jeglicher Art verdrängt. Es muss eines Tages wie alle Modeerscheinungen ein Ende haben, aber im Moment hat es die Gesellschaft zerstört. Es war ein Geschenk des Himmels für viele Leute ohne besondere Bedeutung oder Stellung, die es als Sprungbrett in die Gesellschaft benutzt haben. Wenn Leute eine gute Partie Bridge spielen, sind sie in vielen Häusern, die ihnen früher verschlossen geblieben wären, willkommene Gäste, und es ist eine große Hilfe für nicht mehr ganz junge Damen, Witwen und Jungfern, deren Tage lang sind und die nicht wissen, was sie mit ihrem Leben anfangen sollen.

Trotz seiner Beschäftigungen gelang es W., im November ein paar Tage auf die Jagd zu gehen. Er schoss mehrere Male in Rambouillet mit Grévy, der ein ausgezeichneter Schütze war, und seine Jagdfrühstücke waren sehr angenehm. Es gab reichlich Wild, alles war sehr gut organisiert und die Gesellschaft angenehm. Er fragte immer die Minister, Botschafter und viele der führenden Politiker und sehr oft einige seiner alten Freunde, Anwälte und Männer verschiedener Berufe, die W. gerne kennenlernte. Ihre Ideen waren nicht so festgefahren wie die der meisten Männer, mit denen er zusammenlebte, und es war ein Vergnügen, Gespräche zu hören, die weder politisch noch persönlich waren. Die bösartigen Angriffe auf Personen waren in diesen ersten Tagen der Republik so anstrengend. Jeder Mann, der ein wenig prominenter war als sein Nachbar, schien ein Ziel für jede Art von Unterstellung und Kritik zu sein.

Wir fuhren für zwei Tage nach „Pout", Casimir Périers schönem Anwesen im Département Aube, wo wir hervorragende Jagderlebnisse hatten. Es war für die Jahreszeit bereits extrem kalt – der große Teich im Hof war zugefroren, und der Wind pfiff uns um die Ohren, als wir in einer offenen Kutsche zum Frühstück der Schützen fuhren. Sogar ich, der normalerweise nicht friert, war dankbar, gut in Pelze eingepackt zu sein. Der Pavillon d'Hiver sah sehr einladend aus, als wir vorfuhren – im Kamin loderte ein riesiges Feuer, ein weiteres direkt davor, wo die Suppe und das Ragout für die Armee der Treiber zubereitet wurden. Wir hatten alle nette kleine Fußwärmer unter unseren Stühlen und machten es uns so bequem wie möglich. Tatsächlich war es zu warm, als die Schützen hereinkamen und wir uns zum Frühstück hinsetzten. Wir mussten die Tür öffnen. Beim Frühstück wurde ausschließlich über „Geschäftsgespräche" gesprochen, jeder erzählte, was er erlegt oder verfehlt hatte, und sobald sie mit dem Frühstück fertig waren, machten sie sich wieder auf den Weg. Wir sind ein oder zwei Treibjagden (Fasanen) gefolgt, aber es war wirklich zu kalt und wir waren froh, nach Hause laufen zu können, um uns aufzuwärmen.

Das Abendessen und der Abend waren angenehm – alle unterhielten sich – die meisten kritisierten die Regierung offen. W. störte das nicht, sie waren alle Freunde. Er verteidigte sich manchmal und fragte nur, was sie an seiner Stelle getan hätten – er war durchaus offen für Vorschläge –, aber aus den Diskussionen kam nie etwas Praktisches. Ich glaube, die schönste politische

Position der Welt ist die des „Oppositionsführers" – man hat keine Verantwortung, kann all seine Energie darauf konzentrieren, die Schwachstellen in der Rüstung des Gegners aufzuzeigen, und hat immer alle Hände voll zu tun, denn sobald ein Ministerium fällt, kann man sich daran machen, sein Nachfolger zu stürzen, was die interessanteste Beschäftigung zu sein scheint, die es gibt.

Die große Frage, die die Kammern und das Land beunruhigte, war die Generalamnestie. Der würde W. natürlich niemals zustimmen. Es könnte Ausnahmen geben. Einige der Männer, die an der Kommune teilnahmen, waren so jung, kaum mehr als Burschen, mitgerissen vom Beispiel ihrer Älteren und der Aufregung des Augenblicks, und es gab feurige patriotische Artikel in fast allen republikanischen Zeitungen, die Frankreich aufforderten, die beau geste von la mère patrie zu machen und seine Arme für seine fehlgeleiteten Kinder zu öffnen, und verschiedene vernünftige, erfahrene Männer dachten wirklich, es wäre besser, alles auszulöschen und neu anzufangen, ohne dass dunkle Erinnerungen einen Schatten auf die Anfänge der jungen Republik werfen. Wie viele brillante, optimistische, unmögliche Theorien hörte ich in all diesen Tagen vorgebracht, und wie die wenigen verbliebenen Mitglieder des Centre Gauche versuchten, mit den liberalsten Männern des Centre Droit zu argumentieren und sie offen davon zu überzeugen, der Tatsache ins Auge zu sehen, dass das Land eine starke republikanische Mehrheit ins Parlament geschickt hatte, und das Beste aus den vollendeten Tatsachen zu machen. Ich nehme an, es war zu viel verlangt, von den Traditionen ihres Lebens abzurücken, aber immerhin waren sie Franzosen, ihr Land erholte sich gerade von einer schrecklichen Katastrophe und brauchte alle seine Kinder. Während des Deutsch-Französischen Krieges war jedes Parteigefühl vergessen. Jeder Mann war angesichts eines ausländischen Feindes in erster Linie ein Franzose, und wenn sie in diesen ersten Tagen nach dem Krieg fest zusammengestanden hätten, wäre die Stärke des Landes wunderbar gewesen. Ganz Europa war erstaunt über die Art und Weise, wie Frankreich seine Milliarden bezahlte, – niemand mehr als Bismarck, der gesagt haben soll, wenn er hätte träumen können, dass Frankreich diese enorme Summe so schnell bezahlen könnte, hätte er viel mehr verlangt.

Der Dezember war sehr kalt, überall Schnee und Eis und sehr strenger Frost, der auch dann nicht nachließ, wenn die Sonne gelegentlich mitten am Tag herauskam. Alle liefen Schlittschuh, nicht nur in den Clubs des Bois de Boulogne, sondern auch auf den Seen, was sehr selten vorkommt, da das Wasser ziemlich tief ist. Die Seine war voller großer Eisblöcke, die sich gegen die Brücken klemmten und ein hässliches Geräusch machten, als sie gegeneinander stießen. Die Flussdampfer fuhren nicht mehr, und Scharen von Flaneuren lungerten auf den Kais und Brücken herum und fragten sich, ob die Kälte lange genug anhalten würde, damit der Fluss ganz zufrieren würde.

W. und ich gingen zwei- oder dreimal zum Cercle des Patineurs im Bois de Boulogne und liefen gut Schlittschuh. Die Frauen liefen damals nicht so gut Schlittschuh wie heute, aber sie sahen in ihren Kostümen aus Samt und Zobel sehr hübsch aus. Es war lustig, sie über das Eis stolpern zu sehen, während sie auf jeder Seite von einem Mann gestützt wurden. Es machte ihnen jedoch sehr viel Spaß. Es war schönes Winterwetter, sehr kalt, aber kein Wind, und es war eine sehr gute Übung. Die ganze Welt war da, und die Nachmittage vergingen schnell genug. Ich war jahrelang nicht Schlittschuh gelaufen, da ich alle meine Winter in Italien verbracht hatte, aber nach dem Grundsatz, dass man nie etwas vergisst, das man gut kennt, dachte ich, ich würde es versuchen, und ich muss sagen, die erste halbe Stunde war eine einzige Qual. Es war in den alten Tagen, als man noch einen Riemen über dem Spann trug, der natürlich sehr eng angezogen war. Meine Füße waren wie Eisklumpen, so schwer wie Blei, und ich schien nicht in der Lage zu sein, sie vom Boden zu heben. Ich ging zurück in die Umkleidekabine, um meine Schlittschuhe für ein paar Minuten auszuziehen, und als das Blut wieder zu zirkulieren begann, hätte ich vor Schmerzen weinen können. Eine Freundin von mir, eine Anfängerin, die in der Nähe saß und darauf wartete, dass ihr die Schlittschuhe angezogen wurden, war ziemlich entmutigt und sagte zu mir: „Du siehst nicht so aus, als ob es dir Spaß machen würde. Ich glaube nicht, dass ich es versuchen werde." „Oh doch, das musst du – ‚les commendments sont toujours difficiles‘, und du wirst es lernen. Sobald ich wieder anfange, wird es mir gut gehen." Sie sah ziemlich zweifelnd aus, aber ich sah sie später am Tag wieder, als ich all meine Leiden vergessen hatte, und sie lief genauso mühelos Schlittschuh wie ich als Mädchen. Ich denke, man muss es schon in jungen Jahren lernen. Schließlich ist es mehr oder weniger eine Frage des Gleichgewichts. Wenn man jung ist, macht einem ein Sturz nichts aus.

W., der sich in eine Ecke zurückgezogen hatte, um ein wenig allein zu üben, erzählte mir, dass einer seiner Freunde, der Graf de Pourtalès, der in Sachen Politik überhaupt nicht seiner Meinung war, ein Imperialist, sich sehr über ein kleines Jeu d'esprit gefreut hatte, das er auf seine Kosten veranstaltet hatte. W. blieb mit der Spitze seines Schlittschuhs in einer Eisspalte hängen und landete ziemlich schwer in sitzender Haltung. Der Graf de Pourtalès, der in der Nähe am Ufer stand, sah den Sturz und rief sofort: „Est-ce possible que je voie le Président du Conseil par terre?" (Ist es möglich, dass der Président du Conseil gestürzt ist?) Der kleine Scherz war ganz de bonne guerre und durchaus angebracht, da das Kabinett ins Wanken geriet und kurz vor dem Einsturz stand. Er amüsierte W. ebenso wie die Umstehenden.

Die Kälte wurde von Tag zu Tag stärker, der Boden war hart gefroren, die Straßen sehr rutschig und das Vorankommen sehr schwierig. Alle unsere

Pferde waren grob beschlagen, aber selbst damit kamen wir nur sehr langsam voran. Einige der Omnibusse waren auf Kufen, und ein oder zwei der jungen Männer des Ministeriums hatten die Räder ihrer leichten Kutschen abmontiert und auf Kufen gesetzt, aber man sah nicht viele richtige Schlitten oder Schlitten, wie sie hier genannt werden. Ich glaube, „Schlitten" ist ein rein amerikanischer Ausdruck. Die Seine war schließlich vollständig besetzt, und die Öffentlichkeit durfte auf das Eis, das sehr dick war. Es war ein sehr hübscher, lebhafter Anblick, viele Buden wie jene, die man während der Weihnachtsferien auf dem Boulevard sieht, waren auf dem Eis nahe den Ufern aufgebaut, und der Fluss war schwarz von Menschen. Sie konnten nicht viel Schlittschuh laufen, da das Eis rau war und es zu viele Menschen gab, aber sie rannten und rutschten und schrien und hatten großen Spaß. Ich wollte eines Tages mit meinem Jungen hinüber, damit er sagen konnte, er hätte die Seine zu Fuß überquert, aber W. war eher unwillig. Der Präfekt der Seine, den er konsultierte, sagte ihm jedoch, dass es absolut keine Gefahr gäbe – das Eis war mehrere Zoll dick, also machte ich mich eines Nachmittags auf den Weg, einer der Sekretäre begleitete mich. Er war sehr erstaunt und ziemlich nervös, als er mich in meinen normalen Stiefeln sah. Er hatte Nägel in seinen, und einer unserer Freunde, den wir auf dem Eis trafen, hatte Wollsocken über seinen Stiefeln. Sie waren sicher, dass ich ausrutschen und vielleicht einen schlimmen Sturz erleiden würde. „Aber auf diesem Eis kann niemand ausrutschen; es ist ziemlich rau, könnte fast ein gepflügtes Feld sein" – aber sie fühlten sich unwohl und waren sehr froh, als ich sicher auf der anderen Seite landete und in die Kutsche stieg. Genau in der Mitte hatten die Jungen einen Pfad auf dem Eis gefegt, um eine Rutschpartie zu machen. Sie rannten in Gruppen auf und ab, und das ständige Vorbeilaufen hatte es ziemlich eben und sehr rutschig gemacht. Wir sahen drei oder vier unvorsichtige Fußgänger stürzen, aber wenn einer von ihnen außen am Ufer blieb, bestand keine Rutschgefahr.

Die so lange anhaltende extreme Kälte brachte viele Unannehmlichkeiten mit sich. Viele Züge mit Holz und Proviant konnten Paris nicht erreichen. Die Eisenbahnen waren alle blockiert und die Pariser wurden unruhig, weil sie befürchteten, dass ihnen Lebensmittel und Brennstoff ausgehen könnten. Wir fühlten uns in den großen Räumen des Ministeriums sehr wohl. Überall prasselten Feuer und es gab zwei oder drei Calorifères. Der Blick aus den Fenstern auf den Quai war bezaubernd, solange die große Kälte anhielt, besonders nachts, wenn der Fluss voller Menschen, Lichter und bunter Laternen und Musik war. Ab und zu gab es eine Ronde oder eine Farandole – die Farandole bahnte sich ihren Weg durch die Menge, jeder trug eine Laterne und sah aus wie eine leuchtende Schlange, die sich hinein und hinaus windet.

Eines Abends hatten wir ein paar Leute zum Essen da, die sich nicht von den Fenstern fernhalten konnten. Einige der jungen Leute (Engländer) wollten hinuntergehen und auf dem Eis herumtollen, aber das war nicht möglich. Die Menge, obwohl durch und durch gut gelaunt und nur darauf aus, sich zu amüsieren, war zu einem Pöbel verkommen. Man hätte eine starke Polizeieskorte brauchen müssen, und außerdem hätte man im Abendkleid, selbst mit Pelzmänteln und den Pelz- und Wollstiefeln, die jeder über seinen dünnen Schuhen trug, sicherlich riskiert, eine schlimme Lungenentzündung zu bekommen. Einer unserer guten Freunde, Sir Henry Hoare, war an diesem Abend zum Essen da, aber er wollte nicht hinuntergehen, sondern zog es vor, in einem warmen Zimmer seine Zigarre zu rauchen und mit W. über Politik zu reden. Er war viel in Paris gewesen, kannte jeden und war Mitglied des Jockey Clubs. Er interessierte sich sehr für die französische Politik und war au fond sehr liberal, sympathisierte mit W. und seinen Freunden und teilte ihre Meinung zu den meisten Themen, obwohl er sagte: „Ich spreche diese Meinung im Jockey Club nicht aus." Er kam oft zu unseren großen Empfängen und sah gern alle Leute. Er erzählte mir auch alles, was in seinem Club über die Republik und die Regierung gesagt wurde, aber er war ein scharfsinniger Beobachter, war lange Zeit Abgeordneter in England gewesen und zu dem Schluss gekommen, dass die Gespräche in den Clubs hauptsächlich eine „Pose" waren – sie machten sich eigentlich keine großen Illusionen über die Wiederherstellung der Monarchie, konnten sie auch nicht, da selbst der Duc de Broglie mit seiner Intelligenz und Gefolgschaft (der Faubourg St. Germain folgte ihm blind) nichts anderes tun konnte, als eine konstitutionelle Republik mit Marschall MacMahon an der Spitze zu errichten.

Es hieß auch immer, die Frauen seien kompromissloser als die Männer. Eines Nachmittags besuchte ich ein Konzert in der österreichischen Botschaft, das zugunsten einiger Überschwemmungen stattfand, die eine Katastrophe für das Land waren, Hunderte von Häusern, Menschen und Vieh wurden weggeschwemmt! Die französische Öffentlichkeit hatte, wie immer, äußerst großzügig auf den dringenden Appell des Botschafters im Namen des Kaisers reagiert, und die Regierung hatte einen großen Beitrag zum Fonds geleistet. Graf Beust, der österreichische Botschafter, war natürlich verpflichtet, die Regierung und Madame Grévy sowie seine Freunde aus dem Faubourg St. Germain zu dem Fest einzuladen. Weder Madame noch Mademoiselle Grévy kamen, dafür aber einige der Frauen der Minister, und es war komisch zu sehen, wie die Damen der Gesellschaft die republikanischen Damen ansahen, als wären sie Bewohner eines anderen Planeten, seltsame Gestalten, die sie nicht gewohnt waren zu sehen. Es ist merkwürdig, jetzt, wo die Beziehungen viel weniger gespannt sind, an all das zu denken. Ich erinnere mich, dass ich vor nicht allzu langer Zeit auf einer Party in einer der Botschaften viele Damen der Gesellschaft sah, die sich der

Frau des damaligen Außenministers vorstellen ließen, mit der sie ganz sicher nichts gemeinsam hatten, weder Geburt, Erziehung noch Lebensweise. Ich sprach mit Casimir Périer (dem verstorbenen Präsidenten der Republik), und wir amüsierten uns sehr über die verschiedenen Vorstellungen und die große Bewunderung der Damen, die alle darum baten, Madame R. vorgestellt zu werden. „Was können all diese Frauen wollen?", fragte ich ihn. Er antwortete prompt: „Botschaften für ihre Ehemänner." Aus weltlicher Sicht wäre es meiner Meinung nach besser gewesen, wenn den Trägern einiger der großen Namen Frankreichs mehr Botschaften verliehen worden wären — aber es gab damals in Frankreich so viele Kandidaten für jede Art von Funktion, vom Botschafter bis zum Gendarmen, dass jeder, der etwas zu geben hatte, in eine schwierige Lage geriet.

XI

LETZTE TAGE IM AUSWÄRTIGEN AMT

Das Ende des Dezembers war abscheulich. Zehn Tage lang befanden wir uns in einer Krise. Jeden Tag ging W. in die Abgeordnetenkammer und erwartete, geschlagen zu werden, und jeden Abend kam er entmutigt und angewidert nach Hause. Die Kammer machte die Position der Minister vollkommen unhaltbar – alle möglichen gewalttätigen und nutzlosen Vorschläge wurden diskutiert, und überall herrschte eine unterschwellige Eifersucht und Intrige. Eines Tages, kurz vor Weihnachten, etwa am 20., machten sich W. und sein Kabinettschef, Graf de P., nach dem Frühstück auf den Weg nach Hause – W. erwartete, durch eine Koalitionsabstimmung der extremen Linken, Bonapartisten und Legitimisten geschlagen zu werden. Es war eine verrückte Politik der beiden Letzteren, da sie ganz genau wussten, dass sie nichts gewinnen würden, wenn sie das aktuelle Kabinett umwerfen würden. Sie würden nur ein anderes bekommen, das viel fortschrittlicher und meisterhafter wäre. Ich nehme an, ihre Idee war es, eine Abfolge radikal ineffizienter Minister zu haben, die am Ende das Land anwidern und einen „Retter", einen Prinzen (welchen?) oder General, möglich machen würden. Wie weise ihre Argumentation war, hat die Zeit gezeigt! Ich wollte in die Kammer gehen, um der Debatte zuzuhören, aber W. wollte mich nicht. Er wäre gezwungen zu sprechen und sagte, es würde ihn beunruhigen, wenn ich auf der Galerie säße und all den Angriffen auf ihn zuhören würde. (Es ist ziemlich merkwürdig, dass ich ihn nie öffentlich sprechen hörte, weder im Haus noch auf dem Land, wo er in Wahlzeiten oft politische Reden hielt.) Er war so sicher, dass das Ministerium fallen würde, dass wir bereits begonnen hatten, in unserem eigenen Haus zu putzen und Feuer zu machen, also ging ich an diesem Nachmittag mit Henrietta nach Hause, da ich nicht zu Hause sitzen und auf Telegramme warten wollte. Die Hausmeisterin hatte uns bereits gesagt, dass der Holz- und Kohlevorrat zur Neige ginge und sie in dem Viertel kein neues bekommen könne, und wenn sie kein Feuer machen könne, würden die Rohre platzen, was bei einem Thermometer von ich weiß nicht mehr wie vielen Grad unter Null eine angenehme Aussicht war. Wir fanden eine gründliche Reinigung vor – Türen und Fenster im ganzen Haus offen – und Frauen, die Treppen, Böden und Fenster schrubbten, ziemlich mühsam, mit wenig Feuer und wenig Wasser. Es sah absolut trostlos und ungemütlich aus – überhaupt nicht verlockend. Alle Möbel waren in der Mitte der Zimmer aufgestapelt, und W.s Bibliothek war eine Kuriosität. Bücher und Broschüren häuften sich bei uns schnell an, W. war Mitglied vieler literarischer Gesellschaften aller Art auf der ganzen Welt, und Pakete und Kisten mit ungeöffneten Büchern verstopften den Raum ganz. H. und ich versuchten, die Dinge ein wenig zu ordnen, aber es war an diesem Tag hoffnungslos, und außerdem war das Haus bitterkalt. Es fühlte sich nicht so an, als ob ein Feuer irgendeinen Eindruck machen könnte.

Da wir dort nichts tun konnten, gingen wir zurück ins Ministerium. Es waren keine Telegramme gekommen, aber Kruft, unser treuer und tüchtiger Chef du matériel, wartete auf mich, um letzte Anweisungen bezüglich eines Weihnachtsbaums zu erhalten. Einige Tage zuvor hatte ich beschlossen, gegen Ende des Monats einen Weihnachtsbaum zu haben. W. dachte damals, das Ministerium würde über die Feiertage, die Trêve des Confiseurs, dauern, und war durchaus damit einverstanden, dass ich als letzte Unterhaltung eine Weihnachtsfeier veranstaltete. Er war in den letzten Tagen zu beschäftigt gewesen, um über solche Kleinigkeiten nachzudenken, und Kruft hatte, da er keine gegenteiligen Anweisungen erhalten hatte, die Geschenke und Dekorationen bestellt. Er war ziemlich deprimiert, weil W. ihm an diesem Morgen gesagt hatte, dass wir am 29., dem Tag, den wir für unsere Feier gewählt hatten, sicher nicht am Quai d'Orsay sein würden. Ich beruhigte ihn jedoch und sagte ihm, dass wir den Weihnachtsbaum trotzdem haben würden, nur bei mir zu Hause statt im Ministerium. Wir gingen, um uns seine Geschenke anzusehen, die alle auf einem großen Tisch in einem der Salons ausgebreitet waren. Er war wirklich ein wunderbarer Mann, vergaß nie etwas und hatte sich daran erinnert, dass beim letzten Weihnachtsbaum im Jahr zuvor ein oder zwei Krankenschwestern keine Geschenke bekommen hatten und einige, die welche hatten, mit dem, was man ihnen gab, nicht zufrieden waren. Er hatte eine sehr gute Auswahl für diese Damen getroffen – Spitzenschals und Rabats und kleine Pelz-Tours de cou – wirklich sehr hübsch. Ich glaube, sie waren dieses Mal zufrieden. Die jungen Männer der Kanzlei schickten mir zwei Telegramme hinauf: „rien de nouveau“ – „ministère debout“.

[Illustration: M. de Freyeinet. Nach einer Fotografie von M. Nadaz, Paris]

W. kam spät nach Hause, sehr müde und sehr angewidert von der Politik im Allgemeinen und seiner Partei im Besonderen. Das Kabinett war noch am Leben, aber nur, um Grévy Zeit zu geben, ein neues zu bilden. W. war im Elysée gewesen und hatte ein langes Gespräch mit Grévy geführt. Er fand ihn sehr beschäftigt, sehr unwillig, eine Änderung vorzunehmen, und er drängte W. erneut nachdrücklich, das Außenministerium zu behalten, falls Freycinet es schaffen sollte, ein Ministerium zu bilden. Damit war W. nicht einverstanden – er hatte die ganze Sache satt. Er sagte Grévy, er habe ganz recht, Freycinet zu holen – wenn irgendjemand die Situation retten könne, dann er. Wir hatten ein oder zwei Freunde, Politiker, zum Abendessen eingeladen, und sie diskutierten die Situation aus allen Blickwinkeln und kamen immer zu dem gleichen Schluss, dass W. richtig daran tat, zu gehen. Seine Politik war nicht die Politik der Kammer (ich sage nicht des Landes, denn ich glaube, das Land wusste wenig und kümmerte sich noch weniger darum, was im Parlament vor sich ging), kaum die Politik aller seiner eigenen Kollegen. Es hatte wirklich keinen Sinn, sich weiterhin zu Tode zu sorgen und nichts Gutes zu tun. W. sagte, sein Gespräch mit Grévy sei interessant gewesen, aber er sei viel mehr mit der Innenpolitik und den umfassenden Änderungen beschäftigt, die die Republikaner in allen Regierungen vornehmen wollten, als mit der Außenpolitik. Er sagte, in Europa sei es ruhig und Frankreichs erste Pflicht sei es, sich fest zu etablieren, was nur durch Frieden und Wohlstand im Inland erreicht werden könne. Ich sagte W., ich hätte eine sehr kalte und unbequeme Stunde im Haus verbracht und ich sei besorgt wegen der Kälte und dachte, ich könnte den Jungen vielleicht zu meiner Mutter schicken, aber er habe seine Vorkehrungen getroffen und mit dem Kriegsminister vereinbart, eine bestimmte Menge Holz ans Haus liefern zu lassen. In den verschiedenen Ministerien gab es immer Holzvorräte. Wir bekamen unseres direkt aus unseren eigenen Wäldern auf dem Land, und es war unterwegs, aber eine Flottille von Booten war im Canal de l'Ourcq eingefroren, und es könnte Wochen dauern, bis das Holz geliefert werden könnte.

Wir speisten eines Abends in der britischen Botschaft, während all diese „Pourparlers" en petit comité stattfanden, alles Engländer, Lord und Lady Reay, Lord Edmond Fitz-Maurice und ein oder zwei Parlamentsmitglieder, deren Namen ich vergessen habe. Sowohl Lord als auch Lady Reay interessierten sich sehr für Politik, kannten Frankreich gut und waren sehr an der Phase interessiert, die es durchlief. Lord Lyons war charmant, so freundlich und vernünftig, sagte, er sei nicht überrascht, dass W. gehen wolle – er hoffe immer noch, dass diese Krise vorübergehen würde wie so viele andere, die er in Frankreich erlebt habe; dass W.s Anwesenheit im Außenministerium im letzten Jahr sicherlich eine Hilfe für die Republik gewesen sei – sagte auch, er glaube nicht, dass sein Ruhestand sehr lange dauern werde. Es war furchtbar kalt, als wir aus der Botschaft kamen – es waren nur sehr wenige Kutschen draußen, alle Kutscher in Schals und Pelzmützen gehüllt, und der Place de la Concorde war ein Meer aus Eis, das so rutschig war, dass ich dachte, wir würden nie über die Brücke kommen. Ich ging in dieser Woche eines Abends in die Oper und kam zwischen den Stühlen an, als die Leute herumliefen und Zeitung lasen. Als ich an mehreren Männergruppen vorbeikam, hörte ich W.s Namen fallen, auch den von Léon Say und Freycinet, aber ich konnte beim schnellen Vorbeigehen keine Kommentare hören. Ich glaube, sie waren in diesem Milieu nicht gerade angenehm. Es war sehr kalt im Haus – fast alle Frauen hatten ihre Mäntel an – und das Herauskommen war etwas Furchtbares, als wir diese breite Freitreppe bei beißendem Wind überquerten.

Diesmal begann ich ernsthaft mit dem Packen, da W. sich bereits entschieden hatte. Er hatte gut über die Sache nachgedacht und ein letztes Gespräch mit

Freycinet geführt, der sowohl W. als auch Léon Say gern behalten hätte, aber es war nicht einfach, mit dem neuen Element, das Freycinet mitbrachte, klarzukommen. Die neuen Mitglieder waren in ihren Ansichten viel weiter fortgeschritten. W. hätte nicht mit ihnen zusammenarbeiten können, und sie wollten ganz sicher nicht mit ihm zusammenarbeiten. Die Herbstsession ging am 26. Dezember turbulent zu Ende, und am nächsten Tag verkündeten die Zeitungen, die Minister hätten dem Präsidenten ihre Rücktritte eingereicht, der sie angenommen und Herrn de Freycinet beauftragt habe, ein Kabinett zu bilden. Wir aßen am Weihnachtstag mit Mutter zu Abend, eine Familienfeier, zu der noch der Graf von P. und ein oder zwei verirrte Amerikaner hinzukamen, die in Hotels waren und natürlich froh waren, am Weihnachtstag nicht an einer Table d'hôte oder in einem Café zu speisen. W. war ziemlich müde; das ständige Reden und Sehen so vieler Leute aller Art war sehr ermüdend, denn solange sein Rücktritt nicht offiziell im *Journal Officiel bekannt gegeben wurde*, war er noch Außenminister. An einem der letzten Tage, als sie hofften, zu einer Einigung zu kommen, musste er früher nach Hause kommen, um die Gesandtschaft aus Marokko in Empfang zu nehmen. Ich sah sie ankommen; es waren eine stattliche Gruppe von Männern, groß, kräftig gebaut, ihre Haut war rotbraun, nicht schwarz, und vom Turban bis zu den Sandalen ganz in Weiß gekleidet. Keiner von ihnen sprach Französisch – die gesamte Unterhaltung wurde über einen Dolmetscher geführt. Trotz unserer Sorgen verbrachten wir einen sehr angenehmen Abend, und W. war sehr fröhlich – er freute sich ebenso sehr auf unsere Italienreise wie ich.

W. übergab das Ministerium am Montag, dem 28., an Freycinet, die Übertragung der Macht. Freycinet war sehr nett und freundlich und bedauerte, dass er und W. keine Kollegen mehr waren. Er hielt sein Ministerium für stark und war zuversichtlich, dass er die Kammer leiten würde. W. sagte ihm, er könne sich so schnell wie möglich am Quai d'Orsay niederlassen, da wir sofort losfahren würden, und würde Mittwochnacht in unserem Haus übernachten. Freycinet sagte, Madame de Freycinet (die ich gut kannte und sehr mochte) würde mich am Mittwoch besuchen und würde gerne mit mir das Haus besichtigen. Ich war ziemlich verblüfft, als W. mir sagte, wir müssten Mittwochnacht in unserem eigenen Haus übernachten. Das eigentliche Packen war nicht sehr mühsam, da ich nicht viele meiner eigenen Sachen aus der Rue Dumont d'Urville mitgebracht hatte. Es gab kaum einen Lieferwagen voller kleiner Möbel und Kisten, aber das Zusammentragen all dieser kleinen Dinge war langweilig – Bücher, Nippes, Musik, Karten und Notizen (in großen Mengen Kondolenzschreiben, die sorgfältig sortiert werden mussten, da sie alle beantwortet werden mussten). Das Hotel am Quai d'Orsay war in den letzten beiden Tagen voller Menschen, alle Freunde von W. kamen, um ihr Bedauern über seine Abreise auszudrücken, einige bedauerten aufrichtig, ihn gehen zu sehen, da sein

Name und sein Charakter im Ausland sicherlich Vertrauen erweckten – und einige freuten sich, dass er nicht länger Mitglied eines so fortschrittlichen Kabinetts war – (manche sagten „de cet infect gouvernement"), wo er allein durch seine Anwesenheit gezwungen war, viele Dinge zu genehmigen, die er nicht billigte. Er und Freycinet hatten am Mittwoch ein langes Gespräch, da W. natürlich sicherstellen wollte, dass für seinen Kabinettschef und seine Sekretäre Vorsorge getroffen würde. Jeder neue Minister bringt sein eigenes Personal mit. Freycinet bot W. die Londoner Botschaft an, aber er wollte sie nicht annehmen, hatte vorläufig genug vom öffentlichen Leben. Ich wollte sie auch nicht, ich hatte nie viel in England gelebt, hatte dort nicht viele Freunde und zählte die Tage, bis wir nach Rom aufbrechen konnten. Die Ablehnung der Londoner Botschaft durch W. hatte eine merkwürdige Folge. Admiral Pothnau, den W. dort benannt hatte und der sehr beliebt war, besuchte ihn eines Tages und machte eine große Szene, weil Freycinet ihm die Londoner Botschaft angeboten hatte. W. sagte, er verstehe nicht, warum er eine Szene machte, da er sie abgelehnt hatte. „Aber sie hätte Ihnen nie über meinen Kopf hinweg angeboten werden dürfen." „Vielleicht, aber das ist nicht meine Schuld. Ich habe nicht darum gebeten – und will es auch nicht. Wenn Sie meinen, schlecht behandelt worden zu sein, sollten Sie mit Freycinet sprechen." Der Admiral war jedoch sehr verärgert und verhielt sich lange Zeit sehr kühl zu uns beiden. Ich nehme an, er dachte, eine Abberufung würde bedeuten, dass er in London keine guten Leistungen erbracht hätte, was ein großer Fehler war, da er dort sehr beliebt war.

Wir speisten an diesem letzten Abend allein im Ministerium und saßen eine Zeit lang am Fenster, sahen den Menschenmassen zu, die sich auf der Seine amüsierten, und fragten uns, ob wir den Quai d'Orsay jemals wiedersehen würden. Immerhin hatten wir dort zwei sehr glückliche und interessante Jahre verbracht – und Erinnerungen, die ein Leben lang halten würden. – Einige der letzten Erfahrungen im Dezember waren ziemlich ernüchternd gewesen, aber ich nehme an, man darf keine Gefühle in die Politik bringen. In der Welt geht es immer um Donnant – Donnant – und – wenn man nicht mehr in der Lage ist, viel zu geben – wenden sich die Leute natürlich dem aufstrebenden Mann zu. Comte de P., Kabinettschef, kam wie üblich spät herein, um ein letztes Gespräch zu führen. Auch er war beschäftigt gewesen, da er eine kleine Wohnung und Stallungen im Hotel des Ministeriums hatte, und wollte auch unbedingt weg. Er erzählte uns, dass die jungen Männer des Kabinetts W.s Weggang sehr bedauerten. Anfangs hätten sie ihn als etwas kalt und reserviert empfunden, doch die Erfahrung von zwei Jahren habe ihnen gezeigt, dass er, wenn auch nicht gerade großzügig, vollkommen gerecht sei und stets tue, was er verspreche.

Am nächsten Tag besuchte mich Madame de Freycinet und wir gingen durch das Haus. Die Wohnzimmer waren ihr egal, da sie nie am Quai d'Orsay wohnten, sondern in ihrem eigenen Hotel in der Nähe des Bois de Boulogne blieben. Freycinet kam jeden Tag ins Ministerium und sie nur an Empfangstagen – oder wenn eine Party stattfand. Gerade als sie ging, kam Madame de Zuylen, die Frau des niederländischen Ministers, eine gute Freundin von mir, herein. Sie sagte mir, sie habe große Schwierigkeiten aufzustehen, da ich mir den Zutritt zur Tür verboten hätte, aber mein treuer Gérard (ich glaube, ich vermisste ihn anfangs mehr als alles andere), der wusste, dass wir Freunde waren, dachte, Madame würde sie gern sehen. Sie stattete mir einen ziemlich langen Besuch ab – ich gab ihr sogar Tee von Regierungsgeschirr – mein Tee war bereits zu mir nach Hause geschickt worden. Wir saßen eine Weile da und unterhielten uns. Sie hatte gehört, dass W. die Londoner Botschaft abgelehnt hatte, befürchtete, dass es ein Fehler war und dass der Winter in Paris für ihn schwierig werden würde – er würde sicherlich in allen möglichen Fragen gegen die Regierung sein – und wenn er in Paris bliebe, würde er natürlich zum Senat gehen und abstimmen. Ich stimmte völlig zu, dass er sich nicht plötzlich von allen politischen Diskussionen zurückziehen konnte – er musste an ihnen teilnehmen und abstimmen. Die Politik der Stimmenthaltung schien mir immer die schwächste mögliche Politik in der Politik zu sein. Wenn ein Mann aus irgendeinem Grund nicht den Mut hat, seine Meinung zu vertreten, darf er keine Position einnehmen, in der diese Meinung Gewicht haben könnte. Ich sagte ihr, dass wir nach den Ferien so schnell wie möglich nach Italien fahren würden.

Während wir uns unterhielten, kam eine Nachricht, dass die jungen Männer des Kabinetts alle heraufkämen, um sich von mir zu verabschieden. Ich hatte die Direktoren früher am Tag gesehen, also verabschiedete sich Madame de Zuylen und versprach, zu meinem Weihnachtsbaum in der Rue Dumont d'Urville zu kommen. Die jungen Männer schienen sich zu bedauern, sich zu verabschieden – ich auch. Ich hatte sie oft gesehen und sie immer bereit und bemüht erlebt, mir in jeder Hinsicht zu helfen. Der Comte de Lasteyrie, der ein guter Freund von uns und auch Sekretär war, war viel mit uns unterwegs. W. besuchte ihn sehr oft für alle möglichen Dinge, da er wusste, dass er ihm vollkommen vertrauen konnte. Er erzählte einem meiner Freunde, dass eine seiner Hauptaufgaben darin bestand, Madame Waddington zu allen Wohltätigkeitsverkäufen zu begleiten und dabei ein Paket mit Damenhemden unter dem Arm zu tragen. Es stimmte ganz richtig, dass ich bei den Verkäufen oft „schlechte Kleidung" kaufte. Die ausgestellten Gegenstände in Form von Paravents, Nadelkissen, Tischdecken und im Frühjahr auch von einigen der Damen angefertigten Hüten waren so furchtbar, dass ich froh war, auf ärmliche Kleidung zurückgreifen zu können. Allerdings kann ich mich nicht erinnern, dass er meine Einkäufe jemals mit nach Hause getragen hätte.

Sie waren sehr amüsiert, als plötzlich Francis ins Zimmer platzte, nachdem er seiner Nonnon gerade entkommen war, die mit ihren letzten Sachen beschäftigt war. Sein kleines Gesicht war rot und zitterte vor Wut, weil seine Spielsachen eingepackt worden waren und er aus dem großen Haus gebracht werden sollte. Er trat und schrie wie ein kleines verrücktes Ding, bis seine Amme zu Hilfe kam. Ich drehte mich ein letztes Mal in den Zimmern um, um zu sehen, dass jede Spur meiner Beschäftigung verschwunden war. Francis, halb beruhigt, saß am Billardtisch, ein alter grauhaariger Hausmeister, der immer oben Dienst hatte, kümmerte sich um ihn. Die Hausmeister und Hausangestellten waren alle in der Halle versammelt, und der alte Pierson, der schon seit Jahren dort war, war der Sprecher und hoffte respektvoll, dass Madame „bald zurückkommen würde…". W. kam nicht mit uns, da er noch Leute zu treffen hatte und erst rechtzeitig zum späten Abendessen nach Hause kam.

Wir speisten an diesem Abend und an vielen Abenden danach bei unserem Onkel Lutteroth (der ein bezauberndes Hotel voller Bilder, Nippes und hübscher Dinge hatte) gleich gegenüber, da es einige Zeit dauerte, bis unsere Küche und unser Haushalt wieder in Ordnung kamen. Die ersten paar Tage waren natürlich sehr ermüdend und unbequem – das Haus kam mir nach den großen Räumen am Quai d'Orsay so klein vor. Ich versuchte nicht, etwas mit den Salons zu machen, da wir so bald wegfuhren – Teppiche und Vorhänge mussten angebracht werden, um die Kälte draußen zu halten, aber die großen Kisten blieben im Kutschenhaus – unausgepackt. Wir hatten den ganzen Tag eine Prozession von Besuchern – und versuchten, W.s Bibliothek zugänglich zu machen – bequem war es nicht, da überall Pakete mit Büchern und Papieren und Kisten waren.

Ich hatte am Neujahrstag viele Besuche und Blumen – was eine angenehme Überraschung war – Lord Lyons, Orloff, die Sibberns, Comte de Ségur, M. Alfred André und andere. André, ein alter Freund von W., ein sehr konservativer protestantischer Bankier, war sehr skeptisch, was Angelegenheiten betraf. André war der Typ des modernen französischen Protestanten. Sie sind in Frankreich fast eine eigene Klasse – sehr ernsthafte, religiöse, ehrenhafte, engstirnige Leute. Sie spenden viel für wohltätige Zwecke und gute Taten aller Art. In Paris ist der protestantische Zirkel sehr reich. Sie verkehren mit allen Katholiken, da viele von ihnen viel unterhalten, aber sie leben unter sich und heiraten nie untereinander. Ich kenne kaum einen Fall, in dem ein französischer Protestant einen Katholiken geheiratet hat. Ich nehme an, es ist ein Überbleibsel ihres alten Hugenottenbluts und die Erinnerungen an alle ihre Vorfahren, die für ihre Religion gelitten haben, was sie so intolerant macht. Die Botschafter hatten dem Elysée ihren üblichen offiziellen Besuch abgestattet – Grévy war sehr lächelnd und liebenswürdig und schien überhaupt nicht geistesabwesend zu sein. Wir hatten am Silvesterabend ein Familienessen bei meinem Onkel, und die ganze Familie sagte mit wunderbarer Einstimmigkeit, das Beste, was sie W. wünschen könnten, sei, dass er im Jahr 1880 aus der Politik ausscheiden und ein unabhängiges, wenn auch weniger interessantes Leben führen würde.

Es war wirklich ein interessantes Leben, so viele Diskussionen zu hören, alle möglichen Leute aller Nationalitäten zu sehen und sozusagen hinter den Kulissen zu leben. Die Abgeordnetenkammer selbst war ein Studienort mit ihren erstaunlichen Meinungsänderungen ohne erkennbaren Grund. Man wusste am Morgen nie, was die Nachmittagssitzung bringen würde, denn sobald die Republikanische Partei sich fest etabliert fühlte, begannen sie untereinander zu streiten. Eines Nachmittags ging ich zurück ins Ministerium, um Madame de Freycinet an ihrem Empfangstag einen offiziellen Besuch abzustatten. Ich hatte es eher aufgeschoben, weil ich dachte, der Anblick der wohlbekannten Räume und Gesichter würde mir unangenehm sein und mich vielleicht die Vergangenheit bedauern lassen, aber ich fühlte bereits, dass das ganze alte Leben vorbei war – man passt sich so schnell an eine andere Umgebung an. Es kam mir schon komisch vor, von meinem persönlichen Hausmeister Gérard angekündigt zu werden und mich dann im grünen Salon wiederzufinden, wo alle Palmen und Blumen so arrangiert waren, wie sie es immer für mich waren, und ein Halbkreis von Diplomaten, die genau dieselben Dinge zu Madame de Freycinet sagten, die sie ein paar Tage zuvor zu mir gesagt hatten, aber ich glaube, das passiert in diesen Tagen der Demokratie und der Gleichstellung der Bildung immer, und dass wir unter bestimmten Umständen alle genau dasselbe sagen und tun. Ich hatte ein ziemliches Gespräch mit Sibbern, dem schwedischen Minister, der sehr freundlich und mitfühlend war, nicht nur, als wir das Außenministerium verließen, sondern auch, als es äußerst unbequem war, sich bei so schrecklich kaltem Wetter zu bewegen. Er war in Pelze gehüllt, als würde er zum Nordpol reisen. Ich versicherte ihm jedoch, dass wir es ganz warm und gemütlich hätten und uns allmählich wieder an unsere alten Gewohnheiten gewöhnten, und ich blickte bereits auf meine zwei Jahre am Quai d'Orsay als eine angenehme Episode in meinem Leben zurück. Ich hatte auch ein ziemliches Gespräch mit dem portugiesischen Minister Mendes Leal. Er war ein interessanter Mann, ein Dichter und Träumer, der, glaube ich, mehr von der literarischen Welt von Paris sah als von der politischen. Blowitz war natürlich da – war in Krisenmomenten immer überall, redete viel und ließ durchblicken, dass er in den letzten Wochen viele Fäden gezogen hatte. Auch er bedauerte, dass W. die Londoner Botschaft nicht übernommen hatte, versicherte mir, dass es eine sehr angenehme Anstellung in England gewesen wäre – war überrascht, dass ich nicht darauf gedrängt hatte. Ich antwortete, dass ich nicht konsultiert worden sei. Viele Leute fragten, wann sie mich besuchen könnten – ob ich meinen Empfangstag wieder in Anspruch nehmen würde? Das lohnte sich nicht, da ich so bald wegging, aber ich sagte, ich würde jeden Tag um fünf Uhr dort sein und immer Besuch bekommen.

[Abbildung: Mme. Sadi Carnot. Nach einer Zeichnung von Mlle. Amelie Beaury-Saurel.]

Eines Tages saß Madame Sadi Carnot lange bei mir. Ihr Mann war im neuen Kabinett zum Unterstaatssekretär im Ministerium für öffentliche Arbeiten ernannt worden, und sie war sehr erfreut. Sie war eine sehr charmante, intelligente, kultivierte Frau – sie las viel, war sehr politisch interessiert und sehr ehrgeizig (wie es jede kluge Frau sein sollte) für ihren Mann und ihre Söhne. Ich glaube, sie war ihrem Mann in sozialer Hinsicht eine große Hilfe, als er Präsident der Republik wurde. Er war ein ernster, zurückhaltender Mann, der sich nicht sehr für die Gesellschaft interessierte. Ich sah sie sehr oft und fand sie immer sehr attraktiv. Im Elysée war sie zu allen liebenswürdig und höflich, und ihre leichte Schwerhörigkeit schien sie weder zu beunruhigen noch die Unterhaltung zu erschweren. Sie tat so bezaubernde, weibliche Dinge gleich nach der Ermordung ihres Mannes. Er lag einige Tage im Elysée aufgebahrt, und M. Casimir Périer, sein Nachfolger, stattete ihr einen Besuch ab. Beim Abschied sagte er, seine Frau würde am nächsten Tag kommen, um Madame Carnot zu besuchen. Sie antwortete sofort: „Bitte, lassen Sie sie nicht kommen; sie ist jung und beginnt ihr Leben hier im Elysée. Ich möchte um nichts in der Welt, dass sie den Eindruck von Traurigkeit und Düsterkeit hat, der über dem Palast hängen muss, solange der Präsident dort liegt. Ich möchte, dass sie erst ins Elysée kommt, wenn alle Spuren dieser Tragödie verschwunden sind – und dass sie keine traurigen Assoziationen weckt – im Gegenteil, mit der Aussicht auf eine lange, glückliche Zukunft."

[Abbildung: *Foto, Copyright Pierre Petit, Paris.*
Präsident Sadi Carnot.]

W. ging an den zwei oder drei Freitagen, die wir in Paris waren, zum Institut, wo er von seinen Kollegen, die seine erzwungene Abwesenheit in den Jahren, die er im Außenministerium war, sehr bedauert hatten, sehr herzlich empfangen wurde. Er sagte ihnen, er würde nach Rom gehen, wo er mit Hilfe seines Freundes Lanciani noch einige Schätze in Form von uneditierten Inschriften zu finden hoffte. Die Tage vergingen schnell genug, bis wir aufbrachen. Es war keine wirkliche Ruhepause, da immer so viele Leute im Haus waren und W. vor seiner Abreise noch seine Papiere ordnen wollte. Freycinet nahm verschiedene Änderungen am Quai d'Orsay vor. M. Desprey, Directeur de la Politique (ein Posten, den er jahrelang innegehabt hatte), wurde anstelle des Marquis de Gabriac zum Botschafter in Rom ernannt. Ich glaube nicht, dass er sehr darauf erpicht war, abzureisen. Seine Karriere hatte er fast ausschließlich im Außenministerium gemacht, und er fühlte sich in seinem Kabinett mit all seinen Papieren und Büchern viel wohler, als im Ausland unter Fremden. Eines Abends kam er zum Essen und wir besprachen die Sache. W. dachte, die Ruhe und Abwechslung würden ihm guttun. Er wurde zum Vatikan ernannt, wo es in Sachen gesellschaftliches Leben natürlich viel weniger zu tun gab als auf dem Quirinal. Er war über alle Fragen zwischen dem Vatikan und dem französischen Klerus bestens informiert – sein Sohn, der Botschaftssekretär, würde ihn begleiten. Es schien eine recht angenehme Aussicht zu sein.

W. ging ein- oder zweimal zum Senat, da die Kammern am 12. oder 14. Januar zusammentrafen, aber in diesen ersten Tagen gab es nichts sehr Interessantes. Die Kammer holte nach den Feiertagen und der letzten Ministerkrise Luft und gab dem neuen Ministerium eine Chance. Ich glaube, Freycinet hatte alle Hände voll zu tun, aber er war der Aufgabe durchaus gewachsen. Ich ging eines späten Nachmittags ins Elysée. Ich hatte Madame Grévy geschrieben und gefragt, ob sie mich empfangen würde, bevor ich nach Italien abreiste. Als ich ankam, sagte mir der einzige Diener an der Tür, Madame Grévy sei un peu souffrante und würde mich nach oben bringen. Ich ging eine ziemlich dunkle Seitentreppe hinauf, der Diener ging voran und führte mich in Madame Grévys Schlafzimmer. Es sah absolut ungemütlich aus – es war groß, mit sehr hohen Decken, steifen, vergoldeten Möbeln an der Wand und der Hitze war schrecklich – ein loderndes Feuer im Kamin. Madame Grévy saß in einem Sessel neben dem Kamin, mit einem grauen Schal um die Schultern und einem Spitzentuch auf dem Kopf. Es sah merkwürdig anders aus als das Schlafzimmer, das ich gerade verlassen hatte. Ich war bei einer Freundin gewesen, die ebenfalls Souffrantin war. Sie lag unter einer Spitzendecke, die mit rosa Seide gefüttert war, und um sie herum waren Spitzen und bestickte Kissen, Blumen, rosa Lampenschirme, silberne Flakons, alles höchst luxuriös und modern. Der Kontrast war auffallend. Madame Grévy war sehr höflich und gesprächig – sagte, sie sei sehr müde. Die großen Abendessen und die späten Stunden fand sie sehr ermüdend. Sie verstand durchaus, dass ich froh war, wegzukommen, hielt es aber nicht für sehr klug, bei so bitterkaltem Wetter zu reisen – und Rom war sehr weit weg, und hatte ich keine Angst vor Fieber? Ich sagte ihr, ich sei eine alte Römerin – hätte jahrelang dort gelebt, kenne das Klima gut und fände es nicht schlimmer als jedes andere. Sie sagte, der Präsident habe Besuch von W. bekommen und ein sehr langes Gespräch mit ihm geführt, und er bedauere seine Abreise sehr, glaube aber nicht, dass „Monsieur Waddington au fond de son sac" sei. Grévy war immer ein guter Freund von W. – bei ein oder zwei Gelegenheiten, als es eine Art Verschwörung gegen ihn gab, ergriff Grévy sehr herzlich Partei für ihn – und in allen Fragen der Innenpolitik und der Personen fand W. ihn als einen sehr scharfsinnigen, klugen Beobachter – obwohl er sehr wenig sagte – äußerte er selten eine Meinung. Ich machte keinen sehr langen Besuch – fand meinen Weg nach unten, so gut ich konnte

– weder auf der Treppe noch in der Halle war ein Diener zu sehen, und mein eigener Diener öffnete die großen Türen und ließ mich hinaus. Wir hatten die ersten Tage im Februar frei – da W. bis zum letzten Moment Leute zu treffen hatte. Wir fuhren für zwei oder drei Tage nach Bourneville – ich hatte ein oder zwei sehr kalte Wanderungen durch die Wälder (sehr trocken), was zu dieser Jahreszeit ziemlich ungewöhnlich ist, aber die Erde war hart gefroren. Im Wald waren wir gut geschützt, aber als wir auf die Ebene kamen, war der kalte und eisige Wind schrecklich. Die Arbeiter hatten Feuer gemacht, um die Wurzeln und das morsche Holz zu verbrennen, und wir waren sehr froh, anhalten und uns aufwärmen zu können. Einige hatten ihre Kinder dabei, die halb erfroren aussahen und immer unzureichend bekleidet waren, aber sie waren ganz zufrieden damit, Kartoffeln in der Asche zu rösten. Mir war so kalt, dass ich mir einen Wollschal um den Kopf band, so wie es die Frauen in Kanada tun, wenn sie Schlitten fahren oder Schlittschuh laufen.

Eines Tages veranstalteten wir ein Frühstück für einige von W.s einflussreichen Männern im Land, die sehr angewidert waren über die Wendung, die die Dinge genommen hatten, und darüber, dass W. nicht länger Minister bleiben konnte, aber sie waren ziemlich auf dem Laufenden über alles, was im Parlament vor sich ging, und verstanden ganz genau, dass die gemäßigten, erfahrenen Männer im Moment keine Chance hatten. Die junge Republik muss sich austoben. Hat das Land in seinen vierzig Jahren als Republik viel gelernt oder gewonnen?